GNADE!

1001 ANMACHSPRÜCHE

Jonathan Westermann

Von Jonathan Westermann sind bereits bei Amazon erschienen:

Nicht nett!
Nicht lachen!
Wer zuerst lacht, hat verloren!
A penguin walks into a bar ...
Echt irre!
Böse, böse!
Gnade! – 1001 Anmachsprüche

Jonathan Westermann, Gnade!

überarbeitete Ausgabe 2014

ISBN: 978-1494785635

Gnade!

1001 Anmachsprüche

Die ultimative Sammlung von Anmach-Sprüchen, Flirtlines und einfach nur dummem Gequatsche im Spannungsfeld zwischen den Geschlechtern – wer einen Steptanz im Minenfeld zwischenmenschlicher Beziehungen plant, erhält hier wertvolle Hinweise, wie man's **NICHT** machen sollte!
Garantiert politisch inkorrekt, respektlos und nicht selten unter der Gürtellinie ... aber gerade deswegen zum Schmunzeln oder Lachen: Sprüche, die man unbedingt kennen muss – und sei es nur, um sie zu vermeiden!

Warnung:
Autor und Verlag übernehmen keinerlei Verantwortung für eventuell durch Anwendung dieser Sprüche entstehende gesundheitliche Schäden, wie ein zerknittertes Ego oder kurzfristige Blindheit ... anders ausgedrückt: schmunzeln erlaubt, aber im wirklichen Leben bitte Vorsicht walten lasssen ...

Inhalt

1

Romantisch & nett

1 Als ich das erste Mal den Ozean sah, dachte ich es gibt nichts Schöneres ... jetzt, wo ich dich gesehen habe, ist das Meer nur noch ein unbedeutender Tropfen Wasser.

2 Wenn ich für jeden Gedanken an dich eine Rose bekäme, würde ich für immer durch meinen Garten wandern.

3 Deine Augen sind blau wie der Ozean ... und die See hat mich schon immer überwältigt.

4 Ich habe immer geahnt, dass mein Leben einen Sinn hat, aber nachdem ich dich gesehen habe, bin ich mir ganz sicher!

5 Ich kann glücklich sterben, nachdem ich jetzt ein Stück vom Himmel gesehen habe.

6 Warst du bei den Pfadfindern? Du hast einen Knoten in mein Herz gemacht.

7 Ich wusste nicht, dass Engel so tief fliegen können.

8 Wie schade, dass ich nur zwei Augen habe!

9 Du erinnerst mich an eine wundervolle Blume – und ich wär' so gern eine Biene!

10 Kann ich dich bitte eine Minute lang anstarren? Ich möchte mir dein Gesicht für meine Träume einprägen.

11 Unter meinem Sonnenschirm ist Platz für zwei!

12 Schäm dich, du Brandstifterin – du hast mein Herz entflammt!

13 Du siehst aus wie jemand, mit dem ich mich gerne unterhalten würde.

14 Dein Lächeln hätte die „Titanic" retten können – der Eisberg wäre glatt geschmolzen!

15 Kneif mich bitte ... so etwas wie dich gibt's nur in Träumen!

16 Irgendwoher kenne ich dich. Könnte es sein, dass du die Frau aus meinen Träumen bist?

17 Du bist genau das, wovon ich bis eben nicht wusste, dass ich es zum Leben brauche.

18 Ich wünschte ich wäre der Wind, der sanft durch dein Haar streicht, die Sonne, deren Strahlen dich zärtlich streicheln, und der Mond, der über deinen Schlaf wacht.

19 Hast du in letzter Zeit irgendwelche Filme gesehen? Mein Lieblingsfilm ist übrigens „Die schönste Frau der Welt" – darin spielst alle Rollen du.

20 Seit Jahrhunderten versuchen Künstler vergeblich, Schönheit wie deine für die Ewigkeit festzuhalten.

21 Ich brauche dich wie ein Verdurstender das Wasser braucht.

22 Ich habe noch niemals zuvor eine Prinzessin außerhalb ihres Schlosses gesehen.

23 Weißt du, was ich gestern Nacht gemacht habe? Ich habe jedem Stern einen eigenen Grund gesagt, warum ich dich liebe.

24 Kannst du bitte etwas weiter von der Bar weggehen? Du schmilzt sonst das ganze Eis!

25 Kann ich heute den letzten Tanz haben?

26 Du, ich find' dich nett.

27 Ich möchte mit zu dir gehen – meine Mutter hat gesagt, ich soll meinen Träumen folgen.

28 Hi, ich bin ein Dieb ... und ich bin hier, um dein Herz zu stehlen!

29 Ich hatte einen wirklich schlechten Tag, aber ein Lächeln von einer wunderschönen Frau wie dir könnte ihn noch retten ...

30 Ich werde aufhören, dich zu lieben, wenn am 30. Februar an einem Mango-Baum ein Apfel wächst.

31 Ich taumele nicht, ich bin betrunken von dir.

32 Ich würde gerne morgens neben dir aufwachen.

33 Jungs brechen dir das Herz – Männer heben die Bruchstücke auf und setzen sie zusammen.

34 Wenn du eine Rose in der Wüste wärest, würde ich vor dir niederknien und weinen, damit du nicht verdurstest.

35 Entschuldigung, aber ich musste dich einfach ansprechen – ich habe ein unheimliche Schwäche für Süßes.

36 Die meisten Menschen brauchen drei Mahlzeiten täglich, um zu überleben – mir würde ein Blick von dir reichen ...

37 Darf ich meine Zigarette am Feuer deiner Augen anzünden?

38 Wie heißt du? ... Oh, ich dachte, Aphrodite ...

39 Zucker? Nein! Schokolade? Nein! Honig? Nein! Verdammt, ich finde einfach nichts, was so süß ist wie du!

40 Dein Anblick muss ein Traum sein – und ich will jeden Moment genießen, bevor ich aufwache.

41 Du bist so süß, dass der Zucker arbeitslos wird!

42 Ich muss wohl Richard Gere sein – ich stehe direkt vor Pretty Woman ...

43 Dein Vater muss dich sehr lieben – er hat für deine Augen die Sterne vom Himmel geholt.

44 Du siehst aus wie jemand, von dem ich gleich sagen werde, dass ich ihn über alles liebe ...

45 Kannst du bitte mal deine Taschen ausleeren? Irgendwo da drin muss das Herz sein, das du mir gestohlen hast ...

46 Stell dir mal eine Welt in Sonnenschein, Freiheit und Liebe vor – so sieht es in mir aus, wenn du mich ansprichst!

47 Hallo, meine Freunde finden dich süß. Ich bin anderer Meinung – ich finde dich umwerfend.

48 Dein Blick hat meine Seele berührt.

49 Der Himmel vermisst einen Engel. Beschreibung: süß, superhübsch und freundlich – aber keine Angst, ich verrate dich nicht ...

50 Wenn du in den nächsten Tagen einen leichtbekleideten kleinen Jungen mit Flügeln und Pfeil und Bogen siehst, mach dir bitte keine Sorgen ... er heißt Amor und ich hab' ihn geschickt ...

51 Hätt' ich deine Augen nicht geseh'n, könnt' ich an dir vorüber geh'n.

52 Dein Geburtstag sollte ein offizieller Feiertag sein.

53 Ich bin ganz sicher: wenn Gott je etwas Schöneres als dich erschaffen hat, dann hat er's für sich behalten ...

54 Ich werde ein Träne in den Ozean weinen – wenn du sie findest, höre ich auf, dich zu lieben.

55 Mein Lächeln bekommt jeder. Aber du bekommst mein Herz.

56 Lass mich deine Bettdecke sein und dich in meine Liebe einwickeln ...

57 Für dich fehlen sogar dem Wörterbuch die Worte.

58 Wie fühlt es sich an, die schönste Frau im Raum zu sein?

59 Kennen wir uns nicht? Genau, du bist das Mädchen mit dem zauberhaften Lächeln ...

60 Ich muss nur schnell meinen Facebook-Status ändern – in „völlig bezaubert" ...

61 Du musst ein verdammt guter Dieb sein – du hast mir von der anderen Seite des Raumes mein Herz gestohlen!

62 Ich muss dich jetzt ansprechen, sonst frage ich mich mein Leben lang: „Was wäre, wenn ...?"

63 Entschuldige, ich möchte wirklich nicht aufdringlich sein oder lächerlich wirken, aber du bist die schönste Frau, die ich jemals gesehen habe. Ich hatte das Gefühl, dass ich dir das sagen sollte.

64 Als die Beatles „All you need is love" schrieben, müssen sie an dich gedacht haben ...

65 Heute bin ich ganz besonders glücklich, nicht blind zu sein!

66 Ich habe mir gedacht, wenn ich dich jetzt nicht anspreche, sehen wir uns vielleicht nie wieder.

67 Ich könnte die ganze Welt mit einer Hand erobern – wenn du die andere hältst ...

68 Habe ich Zucker in den Augen oder bist du so süß?

69 Hallo, ich bin Nichtschwimmer – wenn ich jetzt ins Wasser fiele, würdest du mich retten?

70 Darf ich mit dir flirten?

71 Bekomme ich mit irgendjemand Ärger, wenn ich dich auf 'nen Drink einlade?

72 Du bist die Erste, die es geschafft hat, mein Herz gleichzeitig langsamer und schneller schlagen zu lassen.

73 Wann musst du zurück im Himmel sein?

74 Wenn ich drei Wünsche frei hätte, würde ich mir dreimal dasselbe wünschen: dich!

75 Wenn ein Kuss eine Schneeflocke wäre, würde ich dir einen Schneesturm schicken!

76 Ich glaube, es gibt eine Lücke in deinem Leben! Darf ich sie füllen?

77 Bestimmt wird man dich bald bitten, zu gehen – du lässt die anderen Frauen hier schlecht aussehen.

78 Hallo, ich bin Romeo ... willst du meine Julia sein?

79 Ich schreibe einen Aufsatz über die besten Dinge im Leben – darf ich dich erwähnen?

80 Hat jemand den Regenbogen gesehen? – Ich hab' den Schatz gefunden!

81 Wenn ich singen könnte, würde ich dir jetzt alle Liebeslieder der Welt vortragen.

82 Wenn dich zu lieben ein Verbrechen ist, dann bekomme ich lebenslänglich.

83 Siehst du diese Schlüssel? Ich wünschte, ich hätte auch den zu deinem Herzen!

84 Ich kenne dich noch nicht, aber ich glaube ich bin jetzt schon süchtig nach dir!

85 Kein Wunder, dass der Himmel heute grau ist – das ganze Blau ist in deinen Augen.

86 Gegen deine Schönheit wirkt die Morgensonne plötzlich blass.

87 Ich glaube, jetzt kann ich glücklich sterben – ich habe ein Stück vom Himmel gesehen.

88 Wenn jedesmal ein Stern vom Himmel fiele, wenn ich an dich denke, wären heute Abend keine mehr da.

89 Ruf mal jemand im Himmel an – denen fehlt ein Engel!

90 Letzte Nacht beim Sterne zählen,
fiel mir auf dass zweie fehlen.
Doch heute dann, ich kann's kaum glauben,
find' ich sie in deinen Augen.

91 Hundert Herzen wären nicht genug, um meine Liebe für dich zu fassen ...

92 Kannst du dich an mich erinnern? Ach ja ... wir sind uns bisher nur in meinen Träumen begegnet.

93 Gott hat die ganze Welt in 6 Tagen erschaffen. Für dich brauchte er 9 Monate – kein Wunder, dass du etwas ganz Besonderes bist!

94 Ich mag es, wenn mir die Leute hinterher sehen – du musst mich unbedingt öfter begleiten ...

95 Gott hat allen Engeln Flügel gegeben – nur dir nicht, weil er Angst hatte, du fliegst davon.

96 Ich möchte Maler werden und mit deinem Bild fange ich an ...

97 Es ist zwar dunkel heute Nacht, aber du hast mein Herz zum Leuchten gebracht.

98 Ich wette, dass die Blumen extra für dich blühen, wenn du spazieren gehst ...

99 Du bist der Beweis, wie schön Gott zeichnen kann.

100 Hast du dich verlaufen? – Der Himmel ist ziemlich weit weg von hier ...

101 Dein Liebespfeil hat mich getroffen! Komm sofort her und verarzte mich!

102 Ist hier ein Flughafen in der Nähe oder hebt mein Herz gerade ab?

103 Lass mich dein Mathebuch sein – du löst alle meine Probleme!

104 Es regnet so oft – ruf mich einfach an, wenn du einen Schirm brauchst.

105 Zum ersten Mal wäre ich gerne ein Prinz auf einem weißen Pferd.

106 Ich möchte die Sonne sein, die dich morgens wach küsst!

107 Ich habe den Frühling, den Sommer, den Herbst und den Winter erlebt – nichts davon hat mich so beeindruckt wie ein Blick in deine wundervollen Augen!

108 Hallo, Amor hat angerufen. Ich soll dir ausrichten, er will mein Herz wiederhaben.

109 Das Paradies ist manchmal nur einen Blick entfernt.

110 Gibt's hier irgendwo ein Telefon? Ich hab' meiner Mutter versprochen, sie sofort anzurufen, wenn ich das Mädchen meiner Träume treffe.

111 Du wirst mit jedem Tag schöner – und siehst heute schon aus wie nächste Woche ...

112 Entschuldige, hast du vielleicht meinen Hund gesehen? ... Er ist gerade abgehauen und normalerweise rennt er direkt zur hübschesten Frau weit und breit.

113 Darf ich dich zum Lachen bringen?

114 Ist schon wieder Frühling oder duftest du hier so toll?

115 Du bist so anbetungswürdig, ich könnte dein Badewasser trinken!

116 Hallo Prinzessin – ich bin übrigens der Prinz!

117 Du bist der einzige Grund, dass ich heute allein hierher gekommen bin.

118 Man sagt, die Augen sind der Spiegel der Seele ... deine Seele muss wundervoll sein ...

119 Hätte ich gewusst, wie schwer es ist, von deiner Seite zu weichen, wäre ich gar nicht erst rüber gekommen.

120 Wenn ich für jedes Mal, das du mich zum Lächeln bringst, einen Stern vom Himmel nehmen könnte, hätte ich das ganze Universum in meiner Hand.

121 Wenn ich dir in die Augen sehe, ist das wie ein Übergang in eine andere Welt – eine Welt, von der ich gerne ein Teil wäre.

122 Auf deinem Etikett steht garantiert: „Made in Heaven" ...

123 Möchtest du meine Sonne sein und meine Welt zum Leuchten bringen?

124 Seit ich dich kenne, kann ich nachts nicht schlafen – zum ersten Mal ist die Realität schöner als meine Träume ...

125 In meinem Horoskop stand, dass ich heute meine Traumfrau treffe ... stimmt!

126 Ich wäre gerne eine deiner Tränen ... Ich würde in deinem Auge geboren, über deine Wange laufen und auf deinen Lippen sterben.

127 Wenn Schönheit Zeit wäre, wärest du die Ewigkeit ...

128 Entschuldige, mein weißes Pferd hat Masern, mein roter Umhang ist beim Schneider und meine Krone ist beim Pfandleiher – nimmst du mich trotzdem?

129 Wenn ich könnte, würde ich dir die Möglichkeit geben, dich mit meinen Augen zu sehen – dann wüsstest du, wie viel du mir bedeutest.

130 Dein Vater muss ein König sein – wie hätte er sonst eine Prinzessin hingekriegt?

131 Ich glaube, du bist das Licht am Ende meines Tunnels.

132 Dich kennenzulernen ist, wie Weihnachten die Geschenke unter dem Baum zu finden.

133 Für ein Date mit dir würde ich mich um Mitternacht mit dem Teufel an einer einsamen Kreuzung treffen.

134 Heißt dein Vater zufällig Copperfield? Du hast mich gerade total verzaubert.

135 Ich traue mich nicht, dich anzusprechen!

136 Das muss das Ende der Welt sein – und ich bin im Himmel gelandet.

137 Wenn du eine Träne in meinem Auge wärest, würde ich nie wieder weinen ... aus Angst dich zu verlieren.

138 Ich hab' immer gedacht, das Paradies ist viel weiter weg ... aber wenn ich dich ansehe, weiß ich, dass ich mich geirrt habe.

139 Deine warmen Blicke tauen das Eis in meinem Herzen.

140 Draußen muss es jetzt sehr dunkel sein, wenn der ganze Sonnenschein hier drin ist.

141 Waren deine Eltern etwa griechische Götter, dass sie eine Göttin wie dich erschaffen konnten?

142 Für die Welt bist du nur ein jemand ... für mich die ganze Welt.

143 Ich hab' schon vom Schönheitsschlaf gehört – und du musst Dornröschen sein!

144 Hi, darf ich dich auf ein Lächeln einladen?

145 Ich wäre gern eine Lerche – dann würde ich mich auf dein Fensterbrett setzen und dir den ganzen Tag Liebeslieder vorsingen.

146 Du bist der Schlüssel zu meinem Glück.

147 Ich brauche keine Pizza, keine Schokolade und keine Chips – ich will nur noch an deinen Ohrläppchen knabbern!

148 Hast du vielleicht eine Landkarte für mich? Ich verliere mich ständig in deinen Augen.

149 Reist du gerne? Mein Lieblingsziel ist der Platz, an dem du gerade bist ...

150 Du musst der Abendstern sein – ich bin einfach dem Leuchten gefolgt.

151 Ist gerade die Sonne aufgegangen oder hast du mich angelächelt?

152 Du hast wirklich wundervolle Augen ... Moment mal, ich glaube das linke ist ein ganz klein bisschen wundervoller als das rechte.

153 Lächelst du mich an, oder habe ich die Kontaktlinsen verkehrt herum drin?

154 Du bist hier leider falsch – Miss Universum wird nebenan gewählt.

155 Du bist der Beweis, dass die Welt trotz allem wunderschön ist.

156 Wenn ich dem Regenbogen folge, finde ich dich dann an seinem Ende?

157 Bist du ein Alien? – Du hast mein Herz entführt!

158 Nach dir heißt bestimmt ein edles Parfum – Lass mich raten „Unvergleichlich"?

159 Jeder hat so seine Schwächen – und ich glaube, meine Schwäche bist du!

160 Ich hätte dir soviel zu sagen, aber deine Augen unterbrechen mich ständig.

161 Ich wette, die Göttin der Schönheit und die Göttin der Liebe schreiben dir, wenn sie Hilfe brauchen ...

162 Wäre ich Coco Chanel, würde ich sofort einen Duft nach dir benennen!

163 Einen Moment habe ich gedacht, ich wäre gestorben und im Himmel – aber jetzt ist mir klar, dass ich noch lebe und der Himmel zu mir gekommen ist.

164 Entschuldige, du hast da was im Auge – oh, es ist nur ein Funkeln ...

165 Dein zauberhaftes Lächeln hat mir gerade den Tag gerettet!

166 Du bist mir total sympathisch – trinkst du einen Kaffee mit mir?

167 Hast du vielleicht ein Herz übrig? – Meins wurde gerade gestohlen ...

168 Gib's zu: das Meer seufzt voller Freude, wenn du schwimmen gehst!

169 Ich kenne jemanden, der total in dich verknallt ist – wäre ich nicht so schüchtern, würde ich dir sogar sagen wer es ist ...

170 Kannst du diesen herzförmigen Pfeil aus meiner Brust ziehen? So'n verdammtes Kind mit Flügeln hat auf mich geschossen!

171 Wenn du in einem roten Raum ohne Fenster und Türen aufwachst, mach dir bitte kein Sorgen – du bist nur in meinem Herzen.

172 Wenn du keine Zwillingsschwester hast, bist du die schönste Frau der Welt.

173 Wenn du zu kaufen wärest, müsste ich dich stehlen ... so etwas Kostbares wie dich kann ich mir nicht leisten ...

174 In diesen Augen könnte ich mein ganzes Leben lang versinken.

175 Hallo Sonnenschein!

176 Du musst Chorleiterin sein – du lässt mein Herz singen!

177 Tausend Maler könnten in tausend Jahren nichts erschaffen, was schöner wäre als du.

178 Ich werde aufhören, dich zu lieben, wenn diese Plastikrose welk ist ...

179 Ich habe meinen Freunden versprochen, nur noch mit wirklich süßen Frauen zu sprechen ...

180 Auch wenn du niemals mit mir reden wirst, mich niemals ansiehst und mich sofort wieder vergisst, werde ich den Rest meines Lebens an dich denken. Ich finde, dafür habe ich wenigstens ein Lächeln verdient, oder?

181 Wegen dir hab' ich Flugzeuge im Bauch! Lass uns gemeinsam abheben!

182 Wenn du mit 11 Rosen vor dem Spiegel stehst, siehst du zwölf der schönsten Dinge der Welt.

183 Ich weiß, ich habe keine Chance, aber ich wollte wenigstens einmal einen Engel sprechen hören.

184 Kann ich dich zum Essen einladen – ich wollte immer mal mit einem Supermodel ausgehen ...

185 Dein Schuh ist offen – kann ich ihn für dich zubinden?

186 Wo ist der „Like"-Button für dieses Lächeln?

187 Wenn ich eine Ampel wäre, wäre ich jedesmal rot, wenn du vorbeikommst ... damit ich dich ein bisschen länger ansehen könnte.

188 Du, ich bin so schüchtern ... könntest du nicht die Initiative übernehmen?

189 Dich hat der liebe Gott aus einer Sternschnuppe gezaubert und auf die Erde gesetzt. Wenn du jetzt vor mir stehst, weiß ich nicht, was ich mir mehr wünschen könnte ...

190 Du siehst irgendwie süß aus.

191 Sieht aus, als ob du frierst ... kann ich deine Decke sein?

192 Entweder sind das deine Augen, oder du hast es irgendwie hingekriegt, Kontaktlinsen aus Diamanten zu machen.

193 Je tiefer ich in deine funkelnden Augen sehe, umso lebenswerter erscheint mir das Leben.

194 Flirten ist der ideale Zeitvertreib für Menschen, die ihre Liebe zueinander entdecken wollen ... hättest du vielleicht Lust auf eine gemeinsame Entdeckungsreise?

195 Wenn du diese Augen von deiner Mutter geerbt hast, dann weiß ich, warum dein Vater sie geheiratet hat ...

196 Wenn Gott einen Kühlschrank hätte, würde daran ein Bild von dir kleben.

197 Liebe ist mehr, als man mit dem Auge sehen kann – wollen wir's gemeinsam herauskriegen?

198 Hübsche Uhr hast du da ... und dein Kleid ist auch hübsch ... eigentlich ist alles an dir hübsch ...

199 Darf ich ein Foto von dir machen – meine Freunde glauben nicht, dass es Engel gibt.

200 Bist du Innenarchitektin? Als ich dich gesehen habe, wurde der ganze Raum wunderschön ...

201 Ich würde euren Hund heiraten, nur um zur Familie zu gehören.

202 Hey, ich wollte dir nur sagen, dass ich dein Lächeln liebe.

203 Verdammt, bist du aber süß! Ist denn hier die Süßwaren-Abteilung?

204 Hier sind die Schlüssel zu meinem Haus ... meinem Auto ... meinem Herzen.

205 Das Leben ist eine Keksdose ... und du bist mein Lieblingskeks!

206 Wurdest du schon mal verhaftet? – So hübsch zu sein ist doch bestimmt illegal!

207 Du schuldest mir 'nen Drink – als ich dich sah, habe ich meinen völlig verzaubert fallenlassen.

208 Ich wollte nur dieser Rose zeigen, wie unglaublich schön du bist!

209 Ich habe „perfekte Frau" bei Google eingegeben und dein Bild war das Suchergebnis ...

210 Lieber alles verlieren und dich haben als alles haben und dich verlieren.

211 Bist du eine Oase oder eine Fata Morgana?

212 Kann ich mir einen Kuss von dir ausleihen? – Ich verspreche, du bekommst ihn zurück.

213 Ich glaub', ich habe mich verfahren – welche Straße führt denn zu deinem Herz?

214 Du musst einfach nur atmen ... ich kümmere mich um den Rest.

215 Dein Duft gleicht einem Meer der schönsten Rosen.

216 Kannst du bitte meinen Arm anfassen, damit ich allen meinen Freunden sagen kann, dass mich ein Engel berührt hat?

217 Neben deinem Lächeln wird die Sonne blass vor Neid.

218 Wenn wir schon zusammen wären, würde ich mich jetzt von dir trennen – um dich anschließend noch einmal zu erobern, weil du einfach die Schönste von allen bist.

219 Ich träume jetzt schon davon, mich von dir in den Wahnsinn treiben zu lassen ...

220 Darf ich heute Nacht dein Schäfchen sein,
samtig weich und niedlich klein?
Zähl mich in dein' Traum hinein,
so kann ich dir nahe sein!

221 Ich würde dich gern kennenlernen. Allerdings: Ich könnte nirgends mit dir hingehen. Im Kino würde mir der Film entgehen, im Museum die Kunst und im Zoo die Tiere ... weil ich nur Augen für dich hätte.

222 Ohh, ich habe schon wieder diesen Traum ... ich spreche mit der schönsten Frau der Welt!

223 Das Leben ist ein großes Puzzle und du bist das Stück, das mir noch fehlt.

224 Du hast mir den Kopf verdreht ... das ist nach Paragraph 4233b strafbar und die Mindeststrafe ist ein Date mit mir.

225 Wo war die Sternschnuppe? Mein Wunsch ist in Erfüllung gegangen!

226 Wenn du der Mondschein wärest, würde ich tagsüber schlafen und auf den Mond warten.

227 Du bist so hübsch, ich möchte dich als Gemälde an meine Wand hängen.

228 Deine Augen funkeln wie die Sterne am Nachthimmel.

229 Ich möchte in deinen Söckchen wohnen, so könnte ich auf Schritt und Tritt bei dir sein.

230 Wo kann man deinem Fanclub beitreten?

2

Originell & lustig

1 Ich könnte Plätzchen auf dir backen, so heiß wie du bist!

2 Heißt du vielleicht Google? – Du bist nämlich alles, was ich gesucht habe!

3 Heisenberg hatte unrecht. Ich weiß genau, was du heute tun wirst.

4 Ich bleib' mal ein bisschen in deiner Nähe, damit die Aufreißer dich in Ruhe lassen ...

5 Mein letzter Wille – Frau mit Brille!

6 Du bist mein Plan A ... und wenn das mit uns nicht klappen sollte, kommt Plan B und ich werd' Pokemon-Trainer ...

7 Entschuldige, wie oft warst du Miss Germany?

8 Mein Arzt hat mir eigentlich verboten, mit dir zu sprechen ... er befürchtet, dass ich zuckerkrank werde, weil du so süß bist ...

9 Hier ist mein Handy. Ruf alle deine Freundinnen an und sag ihnen, dass du mich endlich gefunden hast.

10 Nobody is perfect – ich bin Nobody und du bist perfekt, geh'n wir 'nen Kaffee zusammen trinken?

11 Hübsche Klamotten – kann ich dich aus ihnen heraus-quatschen?

12 Ich glaube, ich bin zu geil für diese Welt ...

13 Was meinst du: Wie sollen unsere Kinder heißen?

14 Stehst du auf Prominente? – Ich hab' ein Video auf Youtube!

15 In deiner Nähe kriege ich Kuschel-Attacken ...

16 Entschuldige, ich bin Künstler und es gehört zu meinem Job, schöne Frauen anzustarren!

17 Ich würde dich sogar um ein Date bitten, wenn Chuck Norris dein Vater wäre ...

18 Rosen sind rot, Veilchen sind nett und ich wär' so gern mit dir im ... Café!

19 Lass mich dir die Zukunft lesen [eigene Telefonnummer in ihre Hand schreiben] ... deine Zukunft ist klar.

20 Mit dem Lächeln könntest du eine halbe Million Titelseiten verkaufen.

21 So, mit dem Präsidenten habe ich gesprochen; jetzt habe ich endlich Zeit für dich ...

22 Ich wäre gerne der Grund für deine schlaflosen Nächte.

23 Lass uns gemeinsam das perfekte Verbrechen begehen – ich stehle dein Herz und du meins ...

24 Du siehst aus, als ob dir etwas Vitamin ICH fehlt ...

25 Du hast wunderschöne Lippen! Kann man die küssen?

26 Entschuldigung, aber ich glaube eine deiner Rippen gehört mir ...

27 Du bist der Baum; ich bin der Koala ...

28 Liebst du es auch, geküsst zu werden? Dann hätte ich da was für dich ...

29 Ich kann nicht sagen, ob du hübsch bist – ich bin schon an deinen Augen kleben geblieben ...

30 Tu mir bitte einen kleinen Gefallen – verlieb dich ein bisschen in mich.

31 Ich habe bemerkt, wie du mich ansiehst ... und mir gedacht, wenn ich dich jetzt nicht anspreche, folgst du mir nachher heimlich nach Hause.

32 Warst du schon immer so süß?

33 Ich würde gerne mit dir frühstücken – darf ich dich zum Abendessen einladen?

34 Ich hoffe, ich habe keinen falschen Eindruck hinterlassen – in Wirklichkeit bin ich größer und reicher ...

35 Hier ist ein Gutschein für ein Frühstück bei mir.

36 Ich will nur das Beste für dich – mich!

37 Ich weiß nicht, wer du bist ... aber ich würde es gerne wissen.

38 Hallo Schatz! ... Oh, du bist ja gar nicht mein Schatz – naja, was nicht ist, kann ja noch werden ...

39 Entschuldige, woran erkennt eine Frau, dass sie sich gerade verliebt?

40 Gratuliere! Du hast den Preis für die schönste Frau in diesem Raum gewonnen – die Preisverleihung ist bei mir zu Hause.

41 Ich glaube, ich habe gerade den schönsten Traum meines Lebens ... würdest du mich bitte küssen, damit ich weiß, dass du real bist?

42 Du bist wirklich atemberaubend. Kannst du auch putzen und kochen?

43 Meine Freunde haben gewettet, dass ich es nicht schaffe, ein Gespräch mit der schönsten Frau im Raum anzufangen – wie wäre es mit ein paar Drinks auf deren Rechnung?

44 Bist du öfter hier? – Könntest du aber sein ... mit mir!

45 Kannst du essen? Kannst du gehen? Dann lass uns essen gehen!

46 Kannst du schwimmen? Darf ich dich dann mal ins Becken stoßen?

47 Möchtest du einen netten Mann treffen? – Hier bin ich!

48 Deine Eltern haben gerade angerufen ... du sollst heute Nacht bei mir schlafen ...

49 Noch so ein Blick und ich knutsche dich, bis du schielst.

50 Wollen wir tanzen? Vielleicht ist das später „unser Song"?

51 Hey ich bin Batman – soll ich dir das Batmobil zeigen?

52 Ich habe nur zwei Fragen: Was sind deine Lieblingsblumen? An welche Adresse soll ich sie schicken?

53 Ich hab' gehört, du willst was von mir?

54 Wenn dich mitten in der Nacht ein fetter Mann in einen Sack stopft, dann sei nicht überrascht. Ich hab' dem Weihnachtsmann geschrieben, was ich mir wünsche.

55 Du bist so außergewöhnlich hübsch ... mal ehrlich – was meinst du, wie sehr andere Frauen dich hassen?

56 Deine Augen haben mir schon alles verraten – außer deinen Namen.

57 Kennen wir uns? Nein? – Das ist aber schade, denn ich würde dich sehr gerne kennen ...

58 Augen schließen und zurückknutschen!

59 Habe ich dich nicht schon in einer anderen Halluzination getroffen?

60 Deine Schönheit hat mich so bezaubert, dass ich gegen die Wand gelaufen bin – jetzt brauche ich deinen Namen und deine Adresse für die Versicherung.

61 Herz verloren – Finderlohn.

62 Und was ist deine Resonanzfrequenz?

63 Entschuldige, waren wir nicht im letzten Leben unsterblich ineinander verliebt?

64 Meine Lippen tun weh ... kannst du das wegküssen?

65 Ich habe mich verlaufen ... darf ich mit zu dir?

66 Man sagt, dass die größten Schätze tief im Boden liegen – aber ich kann dich doch nicht eingraben!

67 Ich würde dir heute Abend gerne meine SMS-Sammlung zeigen ...

68 Ich mag meine Freundin nicht – kann ich nicht eine Du-Substitution machen?

69 Hast du einen Radiergummi für mich – ich krieg' dich einfach nicht aus meinem Kopf ...

70 Ich starre dich nicht an – ich genieße die schöne Aussicht.

71 Du hast heute die einmalige Chance, mich kennenzulernen – das ist normalerweise ein harter, steiniger Weg, aber ich will mal nicht so sein ...

72 Ich brauch' dringend 'nen Job! Mach mich zu deinem Ehemann!

73 Bist du sicher, dass du geschminkt bist?

74 Wenn du mich küssen willst, sag nichts – lächle einfach nur!

75 Spring mit mir auf die Kometen,
schau mit mir die Sterne an,
küss mich zwischen den Planeten,
lieb mich in der Umlaufbahn ...

76 Du bist so hübsch, dass ich glatt meinen Anmach-Spruch vergessen habe.

77 Hallo, ich habe mein Haus verloren, kann ich bei dir einziehen?

78 Hey, du hast etwas verloren ... meine Handynummer ...

79 Hallo, ich habe mich auf den ersten Blick in dich verliebt. Wir könnten jetzt eine fantastische Liebe erleben, eins sein mit dem Universum, ein Haus bauen und Kinder kriegen. Aber mit der Zeit werden sich Risse bilden, wir werden zweifeln und uns auseinanderleben. Es ist zwar hart, das jetzt so direkt zu sagen, aber ich finde, wir sollten uns trennen.

80 Auf einer Skala von 1–10 bist du 'ne glatte 11!

81 Na du süße Schnitte – bist du schon belegt?

82 Deine Lippen sehen so süß aus ... nur ein Kuss und ich könnte für den Rest meines Lebens mit Zucker aufhören!

83 Ich würde dir einen Drink spendieren, aber ich wäre den ganzen Abend eifersüchtig auf dein Glas.

84 Wenn ich dir nach Hause folge, behältst du mich dann?

85 Das Sprichwort sagt, das Wichtigste im Leben passt in einen Rucksack ... jetzt überlege ich schon die ganze Zeit, wie ich dich da bloß reinkriege!

86 Ich muss dich unentwegt anstarren, weil ich Angst habe, du bist weg, wenn ich nur einen Moment nicht hinsehe.

87 Du musst eine Zauberin sein – jedesmal, wenn ich dich ansehe, verschwinden alle Anderen ...

88 Bist du eine Kamera? ... Weil ich in deiner Nähe lächeln muss ...

89 Nenn mir deinen Namen und ich sage dir, wie du heißt!

90 Hallo, du hast dich bestimmt verkleidet ... als die Frau, die morgen früh neben mir aufwacht!

91 Welche Eigenschaften kannst du bei einem Mann nicht ausstehen?

92 Hallo ... ich habe zu Hause eine Nachttischlampe – so etwas hast du noch nicht gesehen!

93 Du hast mir mein Herz gestohlen! Halb so schlimm, zuhause im Kühlschrank habe ich noch eins.

94 Ich fühle mich gerade etwas unsicher ... wie wär's mit 'ner Umarmung?

95 Als letzter Überlebender meiner Rasse muss ich sicherstellen, dass wir nicht aussterben ...

96 Ist sexy Aussehen dein Job oder bloß ein Hobby?

97 Darf ich dich kitzeln? – Ich kann nicht genug von deinem Lachen kriegen.

98 Entschuldige, hast du eine Zigarette für mich? – Meine sind noch im Automaten.

99 Mein Freund der Wurm hat kürzlich sein Zuhause verloren ... kann er bei dir einziehen?

100 Ich hatte schon die Hoffnung aufgegeben – und jetzt finde ich sie hier: die perfekte Frau!

101 Lachst du mich an oder lachst du mich aus?

102 Schon was vor heute Nacht?

103 Untersuchungen zeigen, dass Indianer und Polen die besten Liebhaber sind ... Oh, Entschuldigung, ich hab' ganz vergessen, mich vorzustellen: Winnetou Koslowski.

104 Hey, lad mich doch einfach mal ins Kino ein – den Film wollte ich sowieso sehen!

105 (Nur wenn sie sicher keine trägt:) Was für fantastische Augen du hast ... sind das Kontaktlinsen?

106 Deine Suche endet hier und heute.

107 Ich bin vom Telefonbuch-Verlag; könnte ich deine Nummer haben?

108 Hallo, du Schönheit ... Moment mal – so heißt du, stimmt's?

109 Wenn Blicke töten könnten, wäre ich eben gestorben ... was an mir hasst du so sehr?

110 Hilfst du mir bei der Suche nach meinem Hundebaby? Ich glaube, es lief in das Hotel auf der anderen Straßenseite.

111 (Silvester:) Hast du schon jemand, den du um Mitternacht küssen kannst?

112 Komm und lebe in meinem Herzen – du brauchst auch keine Miete zu bezahlen.

113 Endlich weiß ich, wo Gott meine fehlende Hälfte versteckt hat ...

114 Wenn die Antwort „Liebe" ist ... kannst du dann die Frage noch einmal wiederholen?

115 Ich denke, du hast alle Anmach-Sprüche schon mal gehört ... da kann einer mehr doch nicht schaden, oder?

116 Du siehst meiner Lieblings-Cousine unglaublich ähnlich ...

117 Weißt du, was eine Prinzessin ist? Hier ist meine Nummer ... ruf an, wenn du mal wie eine behandelt werden möchtest ...

118 Hallo! Wartest du auf Richard Gere oder wärest du auch mit mir zufrieden?

119 Entschuldigung, kennst du mich nicht von irgendwo?

120 I'll be back ... in 5 Minuten ...

121 Ein klasse Outfit trägst du da – kann ich dir heraushelfen?

122 Hallo, deine Lippen haben exakt die Farbe schweren Rotweins ... und ich würde mich jetzt gern betrinken.

123 Wollen wir zusammen deine Bade-Ente zu Wasser lassen?

124 Ich will dich wirklich nicht dumm anmachen – aber ich hätte nichts dagegen, wenn du es tust.

125 Mein Handy geht kaputt, wenn du mich nicht anrufst!

126 Wenn ich's heute nicht bis in dein Bett schaffe, schlafe ich davor auf dem Fußboden ...

127 Hi, ich wusste ja gar nicht, dass Miss Germany hier wohnt ...

128 Ich habe heute gekündigt. Ich war Dressman, aber nach zwanzig Jahren mit anspruchsvollsten Kunden, Überstunden und mit ein paar Millionen auf dem Konto habe ich genug!

129 Tu etwas für dein Image – lass dich mit mir sehen!

130 Pinguine bleiben ein Leben lang mit ihrem Partner zusammen – möchtest du mein Pinguin sein?

131 Psychologische Untersuchungen haben ergeben, dass eine Frau innerhalb von 2,5 Sekunden entscheidet, ob ihr ein Mann gefällt. Ich habe jetzt 5 Sekunden gesprochen ... und?

132 Brauchst du jemanden, der deinen Kaffee umrührt?

133 Meine Mutter lässt mich nicht alleine ins Kino ... würdest du mitkommen?

134 Mit dir möchte ich Pferde stehlen ... wann treffen wir uns im Stall?

135 Hallo, lächle doch mal! Genau so! Wenn du dich jetzt sehen könntest, wüsstest du, was mir an dir so gefällt!

136 Es ist nicht meine Schuld, dass ich verliebt bin – du hast mich hereingelegt ...

137 Du gehst nach Hause? – Na sowas, genau da will ich auch hin!

138 Kann ich deine Bücher tragen?

139 Kannst du mir helfen, mein Navi einzustellen? – Ich brauche die Route in dein Bett ...

140 Musst du eigentlich immer so bezaubernd sein? Kannst du nicht mal 'ne kurze Pause machen, damit ich an etwas Anderes denken kann?

141 Wenn's die verdammte Sonne nicht gäbe, wärest du das Heißeste auf diesem Planeten.

142 Ich kann kein Kostüm für Karneval finden, kann ich als dein Freund gehen?

143 Scusi, aber isch 'abe gar keine Auto ...

144 Ist dein Name Wi-Fi? Ich spüre da nämlich eine Verbindung zwischen uns ...

145 Wenn ich dir sagen würde, dass ich dich liebe, bleibst du dann für immer bei mir?

146 Morgen werde ich genug Geld haben, um dir alles zu kaufen, was du jemals haben wolltest – du musst nur den Fluchtwagen fahren ...

147 Hallo, ich kandidiere bei der nächsten Wahl als Präsident. Ich brauche deine Stimme – schreib mir deine Telefonnummer auf, dann rufe ich dich an und stelle dir meine Agenda ausführlich vor.

148 Warst du nicht auf dem Cover der „Vogue“?

149 Kannst du mir die Uhrzeit sagen? Ich würde auf meine eigene Uhr sehen, aber ich kann meine Augen nicht von dir lassen.

150 Ich habe viele schlaflose Nächte, welche davon willst du mit mir verbringen?

151 Ein Lächeln von dir und du bekommst meine Handynummer heute zum Sonderpreis.

152 Ich habe dich im Duden gefunden – unter „Jackpot“!

153 Hey, du hast etwas vergessen – mich!

154 Hey, magst du Wasser? Das bedeutet, du magst schon mal 85% Prozent von mir ...

155 Ich mach' dir Abendessen, wenn du mir Frühstück machst.

156 Was machst du tagsüber – außer unglaublich sexy zu sein?

157 Es wäre mir eine Ehre, dich heute Abend nach Hause zu tragen.

158 Ich frage mich, wie unsere Kinder wohl aussehen würden?

159 Du siehst so gut aus, als hättest du einen dauerhaften Photoshop-Filter an ...

160 Nicht schon gehen! Wir hatten noch gar keine Chance, miteinander zu reden!

161 Hey, bist du die hübschere Schwester von Angelina Jolie?

162 Ich bin schwer krank ... mit dir reden ist meine Medizin ...

163 Was für eine Welt! Da können sie einen Mann auf den Mond schießen, aber mir keinen lumpigen 500er wechseln ...

164 Ich habe gesehen, wie du reinkamst und wollte unbedingt der erste Typ sein, der dich belästigt.

165 Komm, lass uns einen Spaziergang zusammen machen, von dem wir später den Kindern erzählen können ...

166 Darf ich mich vorstellen – Doktor Love.

167 Lass mich dein Gummibärchen sein:
so klebrig süß und niedlich klein ...
du dürfest mich, das soll was heißen,
für alle Ewigkeit zerbeißen.

168 Sei einzigartig und ganz anders als die anderen – sag „Ja"!

169 Ich bin ein guter Koch, putze meine Wohnung selbst und kann den Gedanken nicht ertragen, sonntags allein vor dem Fernseher zu sitzen und Sport zu sehen ... vielleicht willst du ja mal vorbeikommen, dann könnte ich für dich kochen?

170 Bist du etwa ein Wecker? – Du hast mir die Augen geöffnet!

171 Bist du mit Mike Tyson verwandt? – Du haust mich nämlich von den Füßen ...

172 Komm, lass uns über die ganzen Loser hier ablästern.

173 Wenn ich alt bin, werde ich mich an die schönsten Momente in meinem Leben erinnern: die Geburt meiner Kinder, meine Hochzeit und den Tag, an dem wir uns begegnet sind.

174 Schau bitte mal in den Spiegel – dann siehst du, warum ich dich für immer haben will!

175 Ich bin Materialtester und muss prüfen, ob dein Lippenstift kussfest ist ...

176 Bist du telepathisch begabt? – Du bist schon die ganze Zeit in meinen Gedanken!

177 Ich bin kein Mann für eine Nacht – aber für dich mache ich eine Ausnahme!

178 Oh Mann, wo hören diese endlos langen Beine auf?

179 Am besten sagst du jetzt nichts – wenn deine Stimme so schön ist wie dein Gesicht, werde ich nämlich ohnmächtig.

180 Und ich Idiot hab' gedacht, in meiner Gegend leben die hübschesten Frauen ...

181 Ich habe einen Stift und du eine Telefonnummer – denk mal über die Möglichkeiten nach.

182 Küsse sind die Sprache der Liebe – komm rüber und sprich dich bei mir aus!

183 Was für ein süßer Hund ... hat der auch eine Telefonnummer?

184 Ich würde dich am liebsten einpflanzen und ein ganzes Feld von dir züchten.

185 Kommst du gerade aus dem Ofen? ... Du bist heiß!

186 Du weißt bestimmt, dass viele Männer schicke teure Wagen fahren, um ihre mickrigen Qualitäten im Bett auszugleichen ... mein KIA steht übrigens vor der Tür.

187 Verrätst du mir, welche Zutaten ich brauche, um dich zu machen?

188 Als Gott dich erschuf, hat er aber mächtig angegeben.

189 Pssst ... die Frau da drüben starrt mich schon die ganze Zeit so komisch an ... ich mache mir Sorgen, sie könnte eine Stalkerin sein ... halt meine Hand, ich hab' Angst ...

190 (Silvester:) Kann ich dein erster Fehler in diesem Jahr sein?

191 Wenn du die Wahl hättest zwischen Frühstück in Paris mit einem lustigen Kerl und Frühstück allein bei dir zuhause, wie lange müsstest du überlegen?

192 So viel Schönheit kann niemals legal sein ...

193 Darf ich auf eine Ohrfeige mit raufkommen?

194 Hallo Unbekannte, ist dein Name genau so hübsch wie du?

195 Ich bin Harry Potter! – Wetten, ich kann deine Klamotten verschwinden lassen?

196 Ich bin Zauberer ... und du scheinst aus purer Magie zu bestehen!

197 Warum liegt hier eigentlich Stroh?

198 Wenn gutes Aussehen töten könnte, wärest du eine Massenvernichtungswaffe!

199 Ich bin das Mathebuch und du der Schüler – du löst alle meine Probleme!

200 Sorry, ich hab' dich mit jemandem verwechselt ... aber du siehst noch viel besser aus ...

201 (Finger im Drink anfeuchten und erst dir, dann ihr auf die Schulter tippen): Ich finde, wir sollten unserer Gesundheit zuliebe diese nassen Klamotten ausziehen ...

202 Mein Freund da hinten möchte gerne wissen, ob du mich süß findest ...

203 Steck doch mal deinen Finger in meinen Kaffee, mir ist der Zucker ausgegangen!

204 Ich tanze nicht – aber ich würde dich gerne dabei festhalten, wenn du es tust.

205 Schade, dass du schon gehst ... aber das „Wie" ist einsame Spitze!

206 Du bist bestimmt der wahre Grund für die Erderwärmung.

207 Kannst du mich bitte am Rücken kratzen ... meine Arme sind so muskulös, ich komm' nicht dran!

208 Ich wünschte, ich würde schielen – dann könnte ich dich zweimal sehen ...

209 Bist du vielleicht der Mond? ... Du bringst meinen Werwolf zum Vorschein ...

210 Hey, ich wollte auch gerade gehen – gehen wir doch zusammen!

211 Wenn du eine Droge wärest, würde ich eine Überdosis nehmen!

212 Du bist so hübsch, wir könnten glatt verwandt sein!

213 Beichtest du öfter hier?

214 Du bist so verdammt hübsch, dass ich stottern muss ... w-w-w-w-w-wie heißt du?

215 Schöne Schuhe – heute Nacht schon was vor?

216 Ich bin nicht wirklich so groß, ich sitze auf meiner Geldbörse.

217 Irgendetwas stimmt nicht mit meinem Handy – ich kann deine Nummer nirgends finden.

218 Du wirkst so unwiderstehlich auf mich, die Wissenschaft wird eine neue elementare Kraft entdecken müssen ...

219 Ist dein Vater Terrorist? ... weil du echt 'ne Bombe bist!

220 Kann es sein, dass du von Tag zu Tag schöner wirst? – Ich dachte nämlich schon, ich muss zum Augenarzt!

221 Trägst du deine Schuhe immer über den Socken?

222 Wow, das war aber ein heißer Blick! Es wäre wirklich eine Schande, wenn daraus kein Flirt würde.

223 Ich bin auf Lächel-Patrouille. Du hast die Lächel-Höchstgeschwindigkeit überschritten ... ich muss dich leider mit zu mir nehmen.

224 Hallo, darf ich mich vorstellen ... Mr. Right – ich hab' gehört, du suchst mich?

225 Sag' mir drei gute Gründe, warum ich dich nicht auf einen Drink einladen soll.

226 Du kannst niemals nach Alaska: die Polkappe würde abschmelzen ...

227 Warum lachst du? Hast du dich gerade verliebt?

228 Im Winter sind die Nächte eiskalt – lass mich deine Wärmflasche sein!

229 Du bist süß wie Baileys, edel wie Champagner, exotisch wie Malibu ... und haust mich um wie Tequila!

230 Ich habe die letzten zwei Stunden versucht telepathischen Kontakt mit dir aufzunehmen ... was mache ich falsch?

231 Ich habe dich gerade an die erste Stelle meiner „Wichtig"-Liste gesetzt.

232 Wenn du mich ansiehst, kannst du mich auch ansprechen.

233 In deinen Augen kann ich unsere ungeborenen Kinder sehen ...

234 Wie geht's deinem Fieber? – Oh, Entschuldigung, du sahst so heiß aus ...

235 Was ist deine Lieblingsfarbe? – Meine auch!

236 Hättest du was dagegen, den Rest deines Lebens mit mir zu verbringen?

237 Ich möchte alleine sein! Kommst du mit?

238 Dich müsste man wirklich einsperren – in meiner Wohnung!

239 Hast du all' diese Leute eingeladen? – Ich dachte, wir würden allein sein ...

240 Ich wollte dir etwas Liebes, Einfühlsames, unheimlich Erotisches und Kluges schicken – aber ich finde keinen Karton, in den ich reinpasse!

241 Psst – ich bin Geheimagent und kann dir meinen Namen im Moment nicht sagen – vielleicht verliebst du dich schon mal in meine Handynummer?

242 Heiß hier drin, oder? Wollen wir zusammen duschen?

243 Übrigens ... ich verdiene mehr Geld, als du ausgeben kannst ...

244 Entschuldige, warst du nicht mal mit Brad Pitt zusammen?

245 Meine Freunde sagen, ich hätte etwas von einem niedlichen Teddybär ... ich wiege 300 Kilo, habe jede Menge Haare und schlafe den ganzen Winter durch.

246 Hallo, hast du Träume? Möchtest du sie verwirklichen?

247 Ich habe Hunger! Darf ich dich vernaschen?

248 Ich bin eifersüchtig auf deinen Lippenstift.

249 Hallo, ich glaub' ich kenn' dich gar nicht!

250 Ich hoffe, du verstehst etwas von künstlicher Beatmung – wenn du mich nämlich weiter so ansiehst, werde ich gleich umkippen.

251 Wie kommt es bloß, dass ich die ersten 50 Stellen von Pi kenne, aber deine Telefonnummer nicht?

252 Mensch, Laura, dich hab' ich ja eine Ewigkeit nicht gesehen! Du hast dich ja völlig verändert ... wie, du heißt nicht Laura – sogar deinen Namen hast du geändert ...

253 Hätt' ich dich, dann würd' ich dich ... Die ganze Nacht ... verstehst du mich?

254 Du bist so süß, dass ich Karies bekomme ...

255 Mein Vater hat immer gesagt, dass mir eines Tages eine großartige Frau über den Weg laufen würde ...

256 Ich bekomme langsam Kopfschmerzen – darf ich dich mehr aus der Nähe anstarren?

257 Wo warst du bloß mein ganzes Leben?

258 Was machen Sie denn hier, Miss Roberts/Jolie etc.?

259 Ich wollte dich eigentlich anbaggern, aber ich habe meinen Bagger zu Hause gelassen. Aber einen Löffel hätte ich – geht auch anlöffeln?

260 Zu Hause habe ich eine Flasche Champagner auf Eis ... ich hab' gehört, der darf nicht zu lange herumstehen ....

261 Ich wette, dein Lippenstift ist nicht kussfest ... verloren.

262 Kannst du mir ein paar Sehenswürdigkeiten zeigen? – Zum Beispiel den Weg zu dir nach Hause?

263 Was meinst du, wieviel ein Eisbär wiegt? Keine Ahnung? Ich denke auf jeden Fall genug, um das Eis zu brechen ... mein Name ist ...

264 Du bist schuld – du hast mir zu tief in die Augen geschaut!

265 Krümelchen sucht Keks zum Prinzenrollen.

266 Ich hab' mir gestern einen neuen Wecker gekauft, willst du ihn morgen früh klingeln hören?

267 Tun dir nicht die Beine weh? – Du gehst mir schon den ganzen Tag durch den Kopf.

268 Du bist so heiß, dass ich Sonnenbrand kriege, wenn ich dich ansehe ...

269 Du musst Aschenputtel sein – ich kann schon sehen, wie dein Kleid um Mitternacht verschwindet ...

270 Du hast einen Gehfehler – du gehst mit dem Falschen!

271 Du bist so süß, dass meine Zähne schmerzen.

272 Mein T-Shirt und deine Hose würden sich gerne näher kennenlernen. Wollen wir ihnen den Spaß nicht gönnen?

273 Bist du religiös? Du bist die Antwort auf all meine Gebete.

274 Ich weiß, was du gerade denkst – du willst mir deinen Namen und deine Telefonnummer sagen, stimmt's?

275 Ich würde gerne deine Jeans kaufen – aber nur mit Inhalt.

276 Ich fühle mich hier nicht sicher ... würdest du mich nach Hause bringen?

277 Ist in deinem Leben noch Platz für einen neuen Verehrer?

278 Ich hab' das ganze Telefonbuch auswendig gelernt, und dann irgendwie ausgerechnet deine Nummer vergessen ... hilfst du meinem Gedächtnis auf die Sprünge?

279 Deine Hand sieht schwer aus – lass sie mich für dich halten ...

280 Darf ich dich zu einem Drink einladen und mich anschließend vielleicht noch etwas mit dir unterhalten? Ich finde dich interessant ...

281 Du musst ein Besen sein – du hast mich von den Füßen gefegt.

282 Hey, ist dein Lächeln zum Patent angemeldet?

283 Hätte ich eine Kamera dabei, würde ich die ganze Speicherkarte mit dir füllen.

284 Glaubst du an die Vorsehung?

285 Hallo, darf ich dir ein Auto kaufen?

286 Schau mir in die Augen, Kleines ...

287 Ich leide unter Amnesie! Komme ich häufiger hierher?

288 Wie gut, dass du nicht weißt, dass du etwas ganz Besonderes bist ... es würde dir bestimmt zu Kopf steigen!

289 (Weihnachten:) Ich hab' zweimal nachgesehen – du stehst ganz sicher auf meiner „Unartig"-Liste!

290 Ich bin schon etwas älter – möchtest du meine Briefmarkensammlung sehen?

291 Hallo, ich bin dein Onkel ... dein Vater hat gesagt, ich soll dich nach Hause bringen ...

292 Hast du Lust auf eine heiße Nacht? So richtig heiß, dass du aus dem Schwitzen gar nicht mehr rauskommst? Dann ruf mich an, ich komme vorbei und stell deine Heizung höher!

293 Du bist wunderschön. Ich würde dich ansprechen, aber was mache ich, wenn du nicht nett bist?

294 Meine Katze würde dich gerne kennenlernen ...

295 Sag's mir, wenn ich mich irre – du willst mich küssen, oder?

296 Du und ich, wir sind die Re-Inkarnation eines Liebespaares – du kannst dich nur nicht erinnern!

297 Ich bin schizophren – kann ich mir einen ausgeben?

298 Meine Mutter hat mir beigebracht, dass es unhöflich ist, Leute anzustarren – wollen wir tanzen?

299 Komm doch mit zu meinem MySpace und Twittere mein Yahoo, bis ich über dein Facebook Google ...

300 Hast du ganz kurz Zeit, um meine Nummer aufzuschreiben?

301 Hier bin ich – was sind die anderen zwei Wünsche?

302 Ergib dich augenblicklich, oder ich muss einen Anmach-Spruch einsetzen.

303 Ich habe überhaupt keinen Anmach-Spruch auf Lager. Ich bin auch nicht oft hier, aber du siehst aus wie eine hübsche intelligente Frau mit Humor, die vielleicht jemand Nettes kennenlernen möchte ...

304 Jetzt weiß ich, warum Mutter gesagt hat, ich soll mich von Frauen fern halten ...

305 Kann ich dir etwas bestellen, was nicht auf der Karte steht?

306 Warum haben Frauen eigentlich keine Pulldown-Menüs und Online-Hilfe?

307 Hat die Erde auch für dich gebebt?

308 Meine Eltern wären von dir begeistert!

309 Ich habe gerade einen Fanclub für dich gegründet – krieg' ich ein Autogramm?

310 Hast du auf einem Zuckerhaufen gesessen? ... du hast nämlich echt 'nen süßen Po ...

311 Ich habe das Gefühl, dass du unheimlich süß bist – stört's dich, wenn ich mal probiere?

312 Du bist so egoistisch! Du hast diesen Körper noch den Rest deines Lebens und ich will ihn doch nur für eine Nacht ausleihen ...

313 Warum bist du so schüchtern? – Ich sitze schon seit zwanzig Minuten da drüben und du bist noch nicht rübergekommen, um „Hallo" zu sagen ...

314 Gefällt dir dieses Lied? – Ich habe es für dich geschrieben.

315 Du könntest die Heldin in meinem Film sein.

316 Dass du mir begegnet bist, zeigt mir, dass Gott mich liebt.

317 Ich habe lange überlegt, wie ich es dir sagen soll. Aber ich weiß es einfach nicht – ist wohl besser, ich behalt's für mich ...

318 Du musst aus Kryptonit sein – in deiner Nähe werden meine Knie weich.

319 Du siehst so einsam aus ohne mich.

320 Ich könnte dir versprechen, dich reich und berühmt zu machen – aber dann hätten wir ja gar keine Zeit mehr füreinander.

321 Ich glaube, die Vorsehung will, dass wir heiraten ...

322 Geh nicht in diesen Laden – du könntest die Sprinkler-Anlage auslösen!

323 Ich weiß, dass Milch gut für den Körper ist, aber wieviel hast du denn getrunken?

324 Ich glaube an Reinkarnation – wo warst du bloß in meinen bisherigen Leben?

325 Mir gefällt dein Nachname – kann ich ihn bekommen?

326 Ich würde mich gerne mit dir unterhalten – such dir einfach irgendein Thema aus.

327 Bitte machen Sie Platz, ich bin Arzt. Rufen Sie den Krankenwagen, während ich ihr die Kleidung lockere.

328 Meine Mutter sagt, ich sollte nicht mit Fremden sprechen – aber ich hab' noch nie besonders gut gehorcht ...

329 Möglicherweise sind wir verwandt – ich müsste das Familienzeichen auf deiner Brust suchen ...

330 Ich bin gerade auf dem Weg zur Beichte und brauche noch ein paar Sünden ...

331 Komm, wir sparen uns die ganze blöde Anmache und gehen direkt zu mir ...

332 Ich als Pirat muss dich, meinen wertvollsten Schatz, jetzt mitnehmen ...

333 Mein Drink fühlt sich einsam, vielleicht möchte deiner ihm Gesellschaft leisten?

334 Hallo, würdest du gerne mit mir durchs ganze Land fahren und Leute killen?

335 Sind wir miteinander verwandt? – Hättest du's gern?

336 Wohin würdest du mit deinem Mann gerne in Urlaub fahren?

337 Meine Eltern haben sich hier kennengelernt ... komm, wir gehen!

338 Hey, ich brauche unbedingt deine Hilfe – meine Mutter sagt, wenn ich bis Morgen kein Date habe, gibt sie mich zur Adoption frei ...

339 Du schläfst gerne? Komisch, ich auch ... wollen wir's zusammen versuchen?

340 Kann ich dir einen Drink ausgeben ... von der Sache gestern in der Bank ist noch ein bisschen was übrig.

341 Die Stimmen in meinem Kopf sind sich zum ersten Mal einig: Du siehst wundervoll aus.

342 Kann ich bitte wenigstens 'ne falsche Telefonnummer haben?

343 Nichts und niemand könnte dir widerstehen – das beste Beispiel bin ich.

344 Zum Glück bin ich feuerfest, sonst stände ich jetzt in Flammen ... du bist heiß!

345 Wenn ich jetzt sagen würde, dass dein Lächeln zauberhaft ist, würdest du denken, dass ich dich anmachen will – und du hättest Recht!

346 Ich habe schon mal den Wagen laufen gelassen ... kommst du?

347 Ein Wort von dir und ich verlasse meine Mutti.

348 Ich Tarzan – du Jane?

349 Küss mich, ich bin ein verzauberter Frosch!

350 Küss mich, wenn ich mich irre, aber es gibt noch Dinosaurier, oder?

351 Ich arbeite beim ADAC und würde dich gerne auf der Stelle abschleppen ...

352 Komm mit zu mir und lass uns all das tun, was ich später sowieso allen erzählen werde.

353 Ich weiß, es gibt tausende von tollen Männern auf der Welt, aber nur zwei von uns sehen im Moment keinen Fußball ... und mit DEM willst du doch nicht wirklich reden, oder?

354 Möchtest du dir mit mir ein Baby teilen?

355 Ich bin äußerst wählerisch – aber du bist das Beste!

356 Hallo, ich bin Ken! Willst du meine Barbie sein?

357 Drei Dinge kehren nie zurück: ein abgeschossener Pfeil, ein gesagtes Wort und eine verpasste Gelegenheit – also ruf mich an!

358 Nenn mich AC/DC ... ich werde dich die ganze Nacht rocken!

359 Ich habe bemerkt, dass du mich nicht bemerkst. Deshalb wollte ich kurz anmerken, dass ich dich bemerkt habe.

360 Du bist ein Ohrwurm für die Augen!

361 Deine Klamotten sind radioaktiv, wir müssen sie schleunigst loswerden ...

362 Ich kann meine Lippen nicht schmecken – könntest du das für mich übernehmen?

363 Ich verwelke ... bitte komm und gieß mich!

364 Du liebst dich, ich liebe mich – wollen wir tauschen?

365 Es gibt viele Wunder auf der Welt, aber du übertriffst sie alle.

366 Du bist scharf wie eine Bombe – darf ich dich entschärfen?

367 Weißt du, was mir an dir am besten gefällt – du hast mir noch keine Ohrfeige verpasst ...

368 Wollen wir uns gemeinsam mit Geografie befassen? Wir könnten Erhebungen und Vertiefungen erforschen und zusammen einen Vulkanausbruch erleben ...

369 Komm, wir spielen Verstecken! Wenn du mich findest, darfst du mich küssen! – Falls nicht ... ich bin im Schrank!

370 Das Sofa steht am Boden,
die Nase im Gesicht;
die Sterne steh'n am Himmel,
doch ich steh' nur auf dich!

371 Du siehst aus, als ob du nicht gerne flirtest ...

372 Du hast einen wundervollen Po – schade, dass du darauf sitzen musst.

373 Entschuldige, ich komme aus einer anderen Welt! Kannst du mir etwas über menschliche Anatomie beibringen?

374 Deine Augen haben dieselbe Farbe wie mein Porsche ... und mein Lamborghini ...

375 Entschuldige, hast du mich nicht eben angesprochen? Nein? Dann könntest du es jetzt tun ...

376 Hallo, mein Name ist (xxx). Ich denke, wir sollten wenigstens einmal miteinander gesprochen haben, bevor wir heiraten ...

377 Seitdem du hier bist, gefällt's mir hier richtig gut.

378 In der Zeitung steht, dass Küsse glücklich machen und dir wünsche ich alles Glück der Welt ... darf ich?

379 Hi.

380 Es war einmal ... ein lustiger Kerl, der das netteste Mädchen der Welt traf. Hi!

381 Einverstanden, du kannst mich nachher küssen – aber sag's nicht weiter ...

382 Irgendetwas stimmt nicht mit meinen Augen – ich muss dich immerzu ansehen.

383 Ich bin ein hervorragender Koch – am besten ist mein Frühstück.

384 Deine Lippen sehen so einsam aus – vielleicht möchten sie ja meine treffen?

385 Hey, so allein hier? Wollen wir gemeinsam allein sein?

386 Du bist so heiß, vor dir sollte die Wettervorhersage warnen ...

387 Hallo – würdest du gerne einmal angeflirtet werden?

388 Hast du einen Verband zur Hand? Ich habe mir Schrammen geholt, als ich vor dir in die Knie ging.

389 Warum überraschst du deine Eltern nicht, indem du heute Nacht nicht nach Hause kommst?

390 Gehst du am Sonntag mit mir in die Kirche – oder wo immer du sonst vielleicht hin willst?

391 Findest du es auch unmöglich, dass Stars wie du und ich hier ganz ohne Personenschutz herumlaufen müssen?

392 Du bist der Engel, der den Teufel in mir weckt.

393 Zurückweisung kann bei allen Beteiligten zu emotionalem Stress führen; unter Umständen gefolgt von körperlichen Erkrankungen wie Kopfschmerzen, Geschwüre, krebsartige Tumore und eventuell sogar dem Tod! Also, für deine und meine Gesundheit: sag „Ja"!

394 Deine eMail-Adresse ist doch bestimmt beautifulgirl@mydreams.com, oder?

395 Du schuldest mir Geld ... du lebst in meinem Herzen, ohne Miete zu bezahlen ...

396 Ich liebe dir denn ohne du kann ich nicht bin.

397 Sei cool – spendier mir ein Eis!

398 Die meisten Männer versuchen mit einem Spruch bei Frauen zu landen – ich bin da ganz anders.

399 Was ist deiner Meinung nach Romantik?

400 Ich glaube du bist Twitter – ich folge dir schon den ganzen Tag.

401 Hallo, ich habe dich den ganzen Abend mit den Augen ausgezogen und ich denke, es ist Zeit festzustellen, ob ich Recht habe.

402 Glaubst du an Liebe auf den ersten Blick oder soll ich nochmal vorbeikommen?

403 Weißt du, mit welchem Teil der Zunge man „salzig" schmeckt? ... Wollen wir's zusammen rauskriegen?

404 Du siehst meiner nächsten Freundin unglaublich ähnlich.

405 Ich finde, wir beide würden fantastisch zusammen aussehen – als Paar auf einer Hochzeitstorte.

406 Du siehst aus, als wolltest du mir unbedingt deinen Namen sagen!

407 Weißt du, wofür der Platz zwischen deinen Fingern ist? Damit meine Finger dazwischen passen.

408 Wenn du nicht weißt, wohin mit deinen Händen, gib sie mir und ich halte sie für dich!

409 Bond ... James Bond.

410 Warst du nicht bei „Germany's next Top Model"?

411 Ich will nicht versuchen, dich zu beeindrucken, aber ... ich bin Batman!

412 Willst du mit mir Sandburgen bauen?

413 Ich kann die Quadratwurzel jeder beliebigen Zahl in 10 Sekunden im Kopf ausrechnen – warum machen wir nicht einen kleinen Test mit deiner Telefonnummer?

414 Ich bin wie Schokoladenpudding: ich sehe aus wie Schei... aber ich bin unglaublich süß.

415 Psst – ich bin auf der Jagd ... nach deiner Telefonnummer.

416 Ich wette 20 Euro, dass du dich nicht in 30 Sekunden ausziehen kannst.

417 Du hast Lippen ... ich habe Lippen ... interessant.

418 Hey, warum kommst du nicht zurück und verliebst dich in mich?

419 Wir beide zusammen könnten die ganze Welt neidisch machen ...

420 Ich wusste, dass wir uns heute treffen, deshalb war ich so aufgeregt, dass ich mir nicht überlegen konnte, was ich sage.

421 Kannst du das bitte noch einmal wiederholen? Nur für mich, unter vier Augen bei mir zuhause?

422 Ich bin auf der Suche nach Gott – vielleicht können wir ihn gemeinsam finden, indem wir ein paar seiner Gebote brechen?

423 Dann hatte die Wahrsagerin ja doch recht ...

424 Pssst ... weißt du, wo ich hier unauffällig eine Leiche loswerden kann?

425 Kann ich deine Telefonnummer haben, ich hab' meine verloren.

426 Entschuldige, hat deine Uhr einen Sekundenzeiger? – Ich möchte wissen, wie lange es gedauert hat, bis ich mich in dich verliebt hatte ...

427 Hallo Kätzchen ... möchtest du ein paar deiner neun Leben mit mir verbringen?

428 Du hast ein wirklich hübsches Lächeln – schade, dass es nicht das Einzige ist, was du trägst.

429 Magst du Tiere? Dann habe ich also einen Hund ...

430 Lass mich dein Labello sein!

431 Ich kann nicht neben dir stehen bleiben, weil du so umwerfend bist.

432 Ich denke, sie werden hier demnächst die Preise erhöhen – durch dich wird das Ambiente unbezahlbar ...

433 Wenn dieser Fahrstuhl jetzt stecken bleibt, wären wir vielleicht für Wochen hier eingesperrt ... und wahrscheinlich müsste ich dich dann aufessen ...

434 Wenn „sexy" ein Verbrechen wäre, wärest du längst im Knast!

435 An deiner Stelle würde ich mich nehmen ...

436 Ich wette, es gibt mehrere Paragraphen, die verbieten so gut auszusehen wie du.

437 Kannst du mir bitte deinen Führerschein zeigen? – Ich muss sicher gehen, dass ich nicht im Knast lande, wenn ich mit dir flirte ...

438 (Langsam von oben nach unten mustern): Tolles Outfit ... ich hätte heute fast dasselbe angezogen!

439 In diesem Staat ist es eine Straftat, so gut auszusehen – aber für einen Kuss lasse ich dich mit einer Verwarnung davonkommen ...

440 Dein Name war heute in meinem Glückskeks.

441 Nächstes Jahr um diese Zeit sollten wir gemeinsam lachen ...

442 Mir gefällt, worüber du lachst.

443 Ich bin kein Mathematiker, aber ich verstehe etwas von Nummern. Gib mir deine und du wirst sehen, was ich damit anfangen kann ...

444 Wenn du im Lauf des Abends Hunger bekommst, sag einfach Bescheid, dann koche ich für dich.

445 Ich hab' dein Gesicht schon mal gesehen ... Moment, mir fällt's wieder ein: im Lexikon direkt neben „WOW!".

446 Du bist gemein – du siehst so unglaublich großartig aus und willst mir deinen Namen nicht sagen ...

447 Entschuldige, irgendwo hier habe ich meinen Nobel-Preis stehen lassen ...

448 Nicht mal eine Formel 1-Strecke hat so viele hübsche Kurven wie du.

449 Entschuldige bitte, ich bin von der Knutschbehörde und gesetzlich dazu verpflichtet, dein Kusstalent zu testen!

450 Du bist wie Milch – du gehörst einfach zu meinem Frühstück dazu.

451 Deine Telefonnummer reicht mir nicht – ich will ein Foto, einen Ring und ein Kind von dir ...

452 Du bist so heiß wie die Unterseite meines Laptops – wollt ihr beide nicht Plätze tauschen?

453 Ist dir schonmal ein Typ in den Supermarkt oder über die Straße gefolgt, weil er dein Lächeln so unwiderstehlich fand wie ich?

454 Fetter Pinguin ... ich wollte nur was sagen, was das Eis bricht.

455 Du kommst garantiert in die Hölle – es ist eine Sünde, so verdammt hinreißend auszusehen.

456 Wollen wir noch lange reden, oder kommst du direkt mit zu mir?

457 Es gibt nur eine Sache an dir, die ich ändern möchte: deinen Nachnamen.

458 Waren wir nicht als Kinder auf zwei verschiedenen Schulen?

459 Ich würde im Himmel anrufen und denen sagen, dass ein Engel hier ist ... aber insgeheim hoffe ich, dass du ein Teufelchen bist ...

460 Du erinnerst mich an jemand, den ich über alles geliebt habe ...

461 Mein Name ist Adam ... und du musst Eva sein!

462 Hallo – ist dir schon aufgefallen, dass wir noch nichts zusammen getrunken haben?

463 Ich bin Single, du bist Single – das kann einfach kein Zufall sein!

464 Wenn ich Chirurg wäre, würde ich dir mein Herz geben.

465 Psst – Ich kann eine Waschmaschine bedienen, das macht mich einzigartig ...

466 Stell dir mal folgendes vor: Du, ich, ein warmes Schaumbad und eine Flasche Champagner ...

467 Wegen dir muss der Teufel schwitzen ...

468 Hast du Fieber – du siehst verdammt heiß aus!

469 Wenn ich so hübsch wäre wie du, würde ich mir jeden Abend in einer Bar Drinks bezahlen lassen.

470 Küsst du mich, wenn ich heute Geburtstag habe? ... Was für ein Zufall!

471 Soll ich lächeln, weil wir Freunde sind – oder weinen, weil nicht mehr daraus wird?

472 Komm, ich begleite dich zu den Ponys ...

473 Entschuldigung, aber ich glaube wir sind füreinander bestimmt.

474 Hallo, du süßes Früchtchen! Darf ich an dir naschen?

475 Morgen landet mein Mutterschiff und bringt ich zurück auf meinen Heimatplaneten. Ich möchte mich bei mir zu Hause noch so richtig von dir verabschieden ...

476 Ich wollte dir nur die Möglichkeit geben, mich abzuweisen ... nur zu ...

477 Du bist wunderschön, tierisch nett und intelligent. Eigentlich bist du vollkommen, du hast nur einen einzigen Fehler: deine Adresse – es sollte dieselbe sein wie meine ...

478 Du weckst in mir den Wunsch, ein Superheld zu sein ... aber ich wäre nicht „Batman“ oder „Superman“ sondern „Dein-Man“ ...

479 Wenn du genauso intelligent wie schön bist, kann ich nicht mehr viel sagen – ich versteh' leider überhaupt nichts von Atomphysik ...

480 Du musst die Quadratwurzel aus 2 sein – in deiner Nähe fühle ich mich so irrational ...

481 Lass uns Mathe üben! Wir addieren dich und mich, subtrahieren unsere Klamotten, teilen unsere Beine und multiplizieren uns!

482 Du bist meine persönliche Droge – ich werde den Entzug niemals schaffen.

483 Ich glaube, du passt perfekt in meine Arme.

484 Liebe ist eine Krankheit, die man am besten im Bett auskuriert. Darf ich dich anstecken, damit wir zusammen krank sein können?

485 Küsst du mich jetzt oder muss ich mein Tagebuch schon wieder anlügen?

486 Entschuldigung – auf welchen Anmach-Spruch würdest du denn am ehesten reagieren?

487 Ich weiß nicht, was du über mich denkst, aber ich hoffe, es ist nicht jugendfrei ...

488 Kommst du nachher mit zu mir? ... Ich kann mein Bett nicht selber beziehen ...

489 Ich weiß, ich bin nicht Mr. Right, aber vielleicht wärest du ja auch mit Mr. Right Now zufrieden?

490 Hallo, ich habe gerade eine Wette verloren. Wenn du mir sofort deinen Namen sagst, mache ich es nicht ...

491 Ich könnte glatt ein Blog über dich führen ...

492 Hallo Süße, deine Suche ist zuende ...

493 Erzähl mir von dir – deine Träume, deine Ziele, deine Telefonnummer ...

494 Entschuldigung, ich dachte, das Namensschild wäre in Braille.

495 Ich bin bei der NSA – Ich verstehe dich viel besser, als der Typ, mit dem du zusammen bist.

496 Siehst du meinen Freund da hinten? Er steht auf dich, aber ich teile so ungern ...

497 Wenn du ein Burger wärest, dann wärest du der McWundervoll.

498 (Hand ausstrecken): Würdest du das bitte für mich halten, während ich spazieren gehe?

499 Ich fühle mich irgendwie von dir angezogen ... ausgezogen wäre aber auch nicht schlecht.

500 Komm mit zu mir und finde heraus, in was ich mich um Mitternacht verwandele!

501 Kann ich dir einen Drink bestellen? – Dann habe ich mehr Zeit, dich in ein Gespräch zu verwickeln ...

502 Für dich würde ich Goliath zweimal erschlagen.

3

Derb & direkt

1 Du musst aus Joghurt gemacht sein – ich möchte den Becher auslecken ...

2 Ich würde gerne einen multiplen Orgasmus nach dir benennen.

3 Wenn wir Arbeitskollegen wären, würde ich dich sexuell belästigen.

4 Ich bin Soldat und muss morgen früh an die Front, lass uns heute noch Sex haben! ... Komisch, bei meinem Großvater hat das geklappt ...

5 Die Stimmen in meinem Kopf haben mir befohlen, mit dir zu sprechen.

6 Ich habe eben ein Stipendium für eine vierstündige Suche nach deinem G-Punkt bekommen ...

7 Es gibt Pillen gegen alles Mögliche – ich bin die Pille gegen fehlende Leidenschaft.

8 Sag mal, könnte dich sexuelle Dominanz reizen? Nein? O.k. – dann lass mich dein Sklave sein.

9 Ich würde dich gerne aufbocken und deinen Unterboden checken.

10 Wie gerne würde ich deine wundervollen köstlichen Lippen küssen ... und erst die im Gesicht!

11 Ich würde zu gerne sehen, wie du aussiehst, wenn ich nackt bin.

12 Rosen sind rot, Veilchen sind blau, meine Sprüche taugen nichts ... nette Titten.

13 Dein Körper ist das Wunderland, bitte lass mich Alice sein ...

14 Hey, siehst du die Sterne da oben ... holst du mir einen runter?

15 Wenn ich dich jetzt um Sex bitten würde – wäre die Antwort dann dieselbe wie auf diese Frage?

16 Hey Aschenputtel – probier mal, ob DER hier passt ...

17 Du siehst krank aus – kann ich deine Temperatur messen?

18 Sex macht schlank – wie wär's mit gemeinsam abnehmen?

19 Nach Jahren voller Tests und Therapien versuche ich immer noch herauszubekommen, ob ich allergisch gegen Sex bin oder nicht ...

20 Mein Gitarrenlehrer sagt, ich hätte sehr geschickte Finger ...

21 Kann ich deinen Bauchnabel streicheln ... von innen?

22 Ich möchte Urlaubsfilme mit dir drehen!

23 Komm mal lecker unten bei mich bei!

24 Anscheinend habe ich meine Unterwäsche verloren ... kann ich deine haben?

25 Deine Augen sind dunkel wie ein Schlossgraben um Mitternacht. Wie wäre es, wenn du die Zugbrücke herunter und mich herein lässt?

26 Was hat 132 Zähne und bewacht den unglaublichen Hulk? Mein Reißverschluss.

27 Ich möchte zuerst deine Lippen leidenschaftlich küssen ... und mich dann zum Bauchnabel hocharbeiten.

28 Ich bin der Weihnachtsmann – wie wär's, wenn ich heute Nacht in deinen Schornstein komme?

29 In meiner Hose findet 'ne Party statt ... und du bist eingeladen.

30 Ich hoffe, du bist gegen Tetanus geimpft ... weil ich dich nachher nageln werde ...

31 Richtet sich deine Absatzhöhe danach, wo du geküsst werden willst?

32 Ich hoffe, du bist gut versichert – du hast mir gerade 'ne mächtige Beule in die Hose gemacht!

33 Ich habe einfach einen natürlichen Respekt vor hübschen Frauen in hautengen T-Shirts ...

34 Du kannst jederzeit in meine Praxis kommen und dich frei machen ...

35 Wann hattest du das letzte Mal einen Orgasmus?

36 Hallo, du warst großartig in der letzten Folge von „Baywatch"!

37 Hallo Schöne, darf ich dich meinem Biest vorstellen?

38 Ich habe ein Problem mit meinem Bett – du liegst nicht drin!

39 Lass uns Eisenbahn spielen – ich bin der Zug und du der Tunnel ...

40 Du riechst nach Müll – kann ich dich nach draußen bringen?

41 Das könnte alles dir gehören ... für einen absoluten Hammerpreis!

42 Hi, ich bin heute gut drauf – bist du gut drunter?

43 Wenn du mir in 30 Sekunden nicht antwortest, von denen 15 schon vorbei sind; also wenn ich in 10 Sekunden noch nichts gehört habe, dann schuldest du mir hemmungslosen Sex ... tut mir leid, die Zeit ist abgelaufen!

44 Darf ich dich auf ein Kondom einladen?

45 Ist es so kalt oder schmuggelst du TicTacs?

46 Hey, kennen wir uns nicht aus dem Swingerclub?

47 All diese Kurven – und ich ganz ohne Bremse.

48 Willst du das Dressing auf meinem Salat sein?

49 Möchtest du meine Boa Constrictor sehen?

50 Ich denke, du musst für heute genügen ...

51 Komm, leg dich auf die Couch und tu so, als ob deine Beine sich hassen ...

52 Ich hab' meinen Schnuller verloren ... hast du irgendetwas, woran ich nuckeln kann?

53 Kann ich dir 'nen Drink spendieren oder sollen wir uns vorher ein paar Minuten unterhalten?

54 Lass uns Schach spielen – du schaltest das Licht aus und ich mach' den ersten Zug!

55 Möchtest du einen australischen Kuss? – Das ist wie ein französischer, nur unterhalb des Äquators ...

56 Bist du Arzt? – Du hast nämlich gerade meine erektile Dysfunktion geheilt ...

57 Wollen wir uns nicht mal ganz unverbindlich nackt aufeinander legen?

58 Das ist kein iPod in meiner Tasche ... ich freue mich nur, dich zu sehen.

59 Soll ich im Auto auf dich warten oder reicht das Badezimmer?

60 Ich bin telepathisch begabt und kann spüren, dass du mich liebst, richtig? ... Verdammt, „Liebe" und „Lust" verwechsele ich ständig!

61 Hübsches Bett – sollen wir's zusammen zerstören?

62 Ich will gar nicht mit dir ins Bett ... die Couch tut's auch!

63 Der menschliche Körper hat 206 Knochen – wie würde dir einer mehr gefallen?

64 Möchtest du in einem Film mitspielen? – Ich bin der Regisseur ...

65 Findest du mich schon süß oder brauchst du noch 'nen Drink?

66 Letzte Nacht hatte ich einen feuchten Traum von dir – wollen wir ihn nicht zur Realität machen?

67 Was ist der Unterschied zwischen einem Ferrari und einer Erektion? Ich hab' keinen Ferrari.

68 Ich bin etwas knapp bei Kasse – teilen wir uns ein Taxi zu mir nach Hause?

69 Mir fällt niemand ein, mit dem ich die Zombie-Apokalypse lieber durchstehen würde ...

70 Ich bin Stammzellenforscher und benötige deinen Körper für ein Experiment – keine Sorge, es wird überhaupt nicht wehtun ...

71 Ich habe mein Bett verloren, kann ich deines haben?

72 Heute Nacht um zwei schon etwas vor?

73 Möchtest du mein kleines schmutziges Geheimnis sein?

74 Du bist so wunderschön, ich möchte als dein Baby wiedergeboren werden ... dann könntest du mir 20 Jahre lang die Brust geben ...

75 Ich bin der Finger am Ende deines Rückens, wenn das Licht ausgeht ...

76 Meine Zunge ist 20 Zentimeter lang und ich kann durch die Ohren atmen.

77 Sollen wir „Die Schlange parkt in der Garage“ spielen?

78 Die Geburtenrate ist letztes Jahr schon wieder gesunken! Hilf mir, etwas dagegen zu unternehmen!

79 Hallo, ich bin schwul – glaubst du, du kannst das ändern?

80 Süße, wenn wir beide miteinander fertig sind, werden die Nachbarn eine Zigarette rauchen ...

81 Schönes Wetter heute – Lust auf'n Quickie?

82 Mit manchen Menschen ist es sehr einfach, sich fantastischen Sex vorzustellen!

83 Auf meinen Hintern ist E=mc2 tätowiert. Willst du mal sehen?

84 Hey, ich bin vom TÜV – der wöchentliche Belastungstest deiner Matratze ist wieder dran ...

85 Mein Schw... ist gerade gestorben. Kann ich ihn in dir begraben?

86 Ich liebe jeden Knochen in deinem Körper – vor allem meinen.

87 Entschuldige, riecht dieser Lappen nach Chloroform?

88 Wenn ich deine Jungfräulichkeit nicht bekommen habe, darf ich dann die Verpackung haben?

89 Man kann so viele faszinierende Dinge mit dem Mund machen – warum Zeit mit Reden verschwenden?

90 Willst du ein Kind von mir? ... Nein? ... Dann müssen wir halt aufpassen.

91 Es hat bestimmt eine Ewigkeit gedauert, diese laaaangen Beine zu rasieren ...

92 Du solltest dich was schämen, alle Männer hier mit deinem Aussehen verrückt zu machen.

93 Du machst Hardware aus meiner Software!

94 Erdenfrau, bereite dich auf die Sonde vor!

95 Kommst du auch zu meinem Date mit dir?

96 Willst du meine Villa sehen? Wir könnten mit meinem Ferrari hinfahren ...

97 Bist du noch Jungfrau? Nein? ... Beweise es!

98 Vertrau mir – genau so hat man früher Mammographien gemacht ...

99 Hallo, ich habe große Füße.

100 Man nennt mich den Donnergott ... und dich werde ich hämmern, glaub mir!

101 Wer schläft, sündigt nicht – und wer vorher sündigt, schläft besser!

102 Geh niemals über den Friedhof – bei dir würde selbst ein Toter eine Erektion kriegen!

103 Du bist eigentlich nicht mein Typ ... aber ich bin tolerant.

104 Schläfst du heute Nacht auf deinem Bauch oder kann ich?

105 Du kannst gerne neben mir stehen, solange du dich nicht über die Hitze beklagst.

106 Ich weiß, wie du in einer Stunde ein halbes Kilo abnehmen könntest ...

107 Du siehst so fantastisch aus, ich würde dich vor den Augen des Anwalts meiner Frau fi...!

108 Ich habe meine Jungfräulichkeit verloren. Kann ich deine haben?

109 Was macht ein so süßes Mädchen wie du in meinen schmutzigen Gedanken?

110 Ich will ein Kind von dir! Lass uns sofort anfangen!

111 Lass sehen, ob ich alles richtig verstanden habe: „Ja" bedeutet „Ja" und „Nein" bedeutet „Fessle mich"?

112 Ich hab' heute viel Geld für Viagra ausgegeben – nur um bei deinem Anblick festzustellen, dass ich gar keins brauche!

113 Kannst du dich bitte mal sexy auf meinem Bett räkeln?

114 Wenn man wirklich ist, was man isst ... dann könnte ich morgen früh du sein.

115 Entschuldige, willst du mich heute Abend essen?

116 Ich rede mit der Couch, flirte mit dem Fernseher und frühstücke mit dem Toaster. Wenn du nicht willst, dass ich auch noch etwas mit dem Staubsauger anfange, dann lass dich von mir zum Essen einladen!

117 Du bist so verdammt heiß, du schmilzt das Plastik in meiner Unterwäsche.

118 Ich finde, Anmach-Sprüche sind etwas für Leute mit zuviel Freizeit – lass uns fi...!

119 Kann ich dich in Schokolade dippen ... und ablecken?

120 Kennst du den Unterschied zwischen einem Gespräch und Sex? Nein ... dann lass uns zu mir gehen und ein bisschen quatschen ...

121 Deine Beine sind so wundervoll, ich möchte ihnen Namen geben. Das linke ist Weihnachten und das rechte Sylvester ... kann ich dich zwischen den Feiertagen besuchen?

122 Möchtest du sehen, warum mein Spitzname „Dreibein" ist?

123 Mit meiner Intelligenz und deinem Körper könnten wir eine Rasse Superkinder erschaffen und die ganze Welt erobern!

124 Ich bin geistig umnachtet, auf Drogen und pervers; komm ich spendier dir 'nen Drink; na Süße, wie wär's?

125 Sollen wir Jahrmarkt spielen? – Du setzt dich auf mein Gesicht und ich rate, wieviel du wiegst ...

126 Wollen wir zusammen Flaschendrehen spielen?

127 Hallo, ich würde gerne deine Oberschenkel als Ohrwärmer verwenden!

128 Hallo, ich unterrichte Orgasmus-Wissenschaften an der Universität ...

129 Trink das hier und sag mir Bescheid, wenn du soweit bist!

130 Das ist kein Bierbauch ... sondern der Tank einer Liebesmaschine.

131 Heutzutage muss man bewusst und sparsam mit den natürlichen Ressourcen umgehen – lass uns dieses Kondom benutzen, bevor die Haltbarkeit abläuft!

132 Lass uns ein paar Dinge zusammen anstellen, die wir morgen beichten können ...

133 Wollen wir mal zusammen schwitzen?

134 Dir ist etwas heruntergefallen ... meine Kinnlade!

135 Du kannst jederzeit auf meinen Tasten klimpern, Baby.

136 Es gibt Typen, die erzählen Frauen von ihrem 30-Zentimeter-Organ ... ich würde niemals so jämmerlich tiefstapeln ...

137 Benimm dich anständig und du bleibst allein ... ich will nicht allein sein!

138 Entschuldige, mein Mund ist so trocken. Hast du mal 'ne nasse Zunge für mich?

139 Polier mir die Nüsse und ich servier dir einen fetten Milkshake!

140 Doktorspiele sind was für Kinder – komm wir spielen Gynäkologe!

141 Warum gehst du nicht auf die Knie und lächelst wie ein Donut?

142 Kann ich einen Moment hier stehenbleiben? – Nur bis da hinten, wo ich gerade gefurzt habe, die Luft besser ist ...

143 Ich bin Superman – wenn ich jemanden im Arm halte, wird er unverwundbar ... wollen wir ausprobieren, ob ich weitere Superkräfte übertragen kann?

144 Was für ein ekelhaftes T-Shirt ... zieh's aus – sofort!

145 Sind das etwa Weltraumhosen? – Dein Po ist einfach nicht von dieser Welt!

146 Dich würde ich auf jeden Fall von der Bettkante schubsen – um auf dem Boden weiter zu machen!

147 Lust auf einen Eiweißschock?

148 Hey, lass uns Sex haben ... reden können wir später!

149 Meine Zunge möchte deine Zunge verprügeln.

150 Wenn ich dich ansehe, glaube ich dass ich gerade gestorben und im Himmel bin ... sag mal, stehst du auf Nekrophilie?

151 Ich hab' meinen Blowjob bei dir zuhause vergessen, kann ich ihn mir nachher abholen?

152 Ich würde liebend gerne Körperflüssigkeiten mit dir tauschen.

153 Schmeckt deine Zunge genauso süß, wie du aussiehst?

154 Ich habe einen Sattel, aber kein Pferd ... du wirst mich reiten müssen ...

155 Wenn du erst meine Zunge kennst, brauchst du keine Drogen mehr!

156 Wicken fill ich dich du seile Gau.

157 Wir könnten morgen beide schon tot sein ... warum das Risiko eingehen – lass uns heute noch Sex haben!

158 Ich gebe morgen eine Party für dich – kommst du auch?

159 Deine Brüste sehen sehr schwer aus ... soll ich sie für dich halten?

160 ICH BRAUCHE SEX! Entschuldige, der Arzt hat gesagt, das könnte helfen ...

161 Bist du etwa ein Waisenhaus? Ich möchte dir nämlich Kinder geben ...

162 Hallo, ich brauche etwas, das ich morgen früh bereuen kann ...

163 Deine Kleider würden unglaublich gut aussehen – in einem Haufen auf meinem Fußboden!

164 Ich bin ein Zombie – darf ich dich essen?

165 Warum messen wir nicht den Reibungs-Koeffizienten zwischen unseren Körpern?

166 Einsamer sucht Einsame zum Einsamen ...

167 Du bist wie eine Banane ... ich würde dich zu gerne schälen ...

168 Du kommst mir bekannt vor ... hast du deinen Abschluss etwa an der „Uni für attraktive Frauen" gemacht?

169 Ich bin übrigens der Weihnachtsmann und würde dir gerne die Spielzeuge für Erwachsene zeigen, die meine Elfen am Nordpol herstellen ...

170 Zieh dich aus und leg dich aufs Bett – wir müssen reden!

171 Willst du Körper eng an Körper pressen, heißen Atem auf deiner nackten Haut spüren? Gerüche wahrnehmen ... die unterschiedlichsten Stellungen, immer wieder rein und raus; von vorne und von hinten? – Dann nimm den Bus!

172 Hast du eine Zigarette für mich? – Ich bin Nichtraucher ...

173 Komm, wir sparen Wasser und duschen zusammen!

174 Ich wünschte, du wärest aus Seife – dann könnte ich dich am ganzen Körper spüren.

175 Hallo Süße, möchtest du meinen Bleistift spitzen?

176 Hallo, ich bin Modefotograf – willst du bei meinem nächsten Foto-Shooting dabei sein?

177 Du siehst müde aus ... komm, ich bring' dich ins Bett!

178 Lächle – das ist das zweitbeste, das du mit deinen Lippen machen kannst.

179 Möchtest du meine Kinder kriegen? Nein? ... wie wär's dann mit Üben?

180 Ich bin so schlecht im Bett, das musst du erlebt haben ...

181 Du hast wirklich einen klasse Po – vielleicht willst du jetzt meinen sehen?

182 Du bist so heiß, dein Vibrator ist bestimmt aus Asbest.

183 Eigentlich wollte ich auf deine Brüste starren, aber ich habe mich schon in deinen wundervollen Augen verloren ...

184 Rosen sind rot, Veilchen sind blau ... siehst du die Knarre, jetzt steig schon ein!

185 Ich muss dir etwas gestehen: Ich bin schrecklich reich und habe nur noch zwei Wochen zu leben.

186 Man darf der Natur nicht ins Handwerk pfuschen. Wir sind hier, um Babys zu machen – also los!

187 Nichts sagt besser „Ich liebe dich" als sechs Stunden Nonstop-Sex!

188 Computertechniker haben geschickte Hände, wenn du weißt, was ich sagen will ...

189 Ich hab' das Schiff und du den Hafen – wollen wir für heute Nacht Anker werfen?

190 Mein zahmer Blutegel möchte, dass du sein neuer Wirt wirst ...

191 Gehst du Samstag mit mir aus oder hast du am Wochenende Migräne?

192 Entschuldige, ich muss einfach mit dir flirten ... Ich bin schließlich weder blind noch tot!

193 Und wann erscheint dein Centerfold?

194 Hallo, ich bin nekrophil – wie gut kannst du dich tot stellen?

195 Ich sehe nicht aus wie Brad Pitt, bin nicht so romantisch wie Robert Redford und habe nicht die Muskeln von Arnold Schwarzenegger ... aber bei meiner Zunge wird selbst Lassie neidisch ...

196 Kann ich dir 'nen Drink ausgeben oder willst du lieber das Geld?

197 Wenn du fürchtest, es könnte dir morgen früh leid tun, lass uns bis Mittag schlafen!

198 Für dich würde ich sogar aufhören, an mir herumzuspielen ...

199 Mein Vater war Superman und auch ich habe den Röntgenblick – aber um ganz sicher zu gehen: würdest du dich für mich ausziehen?

200 Du bist so verdammt knackig, dass der Paprika neidisch wird!

201 Ich bin freiberuflicher Gynäkologe ... und wie lange ist dein letzter Check her?

202 Bssss .... Bsssss ... ich bin eine Biene, sei du meine Blumenblüte!

203 Weißt du, was ganz hervorragend zu deinen Lippen passen würde? Meine!

204 Schicke Hose hast du da – kann ich mal den Reißverschluss testen?

205 Würdest du meinen Kolben ölen?

206 Wie wäre es mit einem oral stimulierten Orgasmus?

207 Du wirst einen Platz zum Sitzen haben, so lange ich ein Gesicht habe.

208 Ich bin neu hier – kannst du mir den Weg zu dir nach Hause zeigen?

209 Sumsen ist buper, schicken ist fön ...

210 Sex mit mir kannst du als „karitatives Geschenk“ von der Steuer absetzen ...

211 Du und ich ... ganz allein ... eine einsame Insel im Mondschein ... ist dir aufgefallen, dass ich nichts von Kleidung gesagt habe?

212 Einladung zur One-Woman-Show; heute abend bei mir.

213 Du trägst wirklich hübschen Schmuck – der würde sich gut auf meinem Nachttisch machen ...

214 Ich mag mein Bett – aber ich wär' noch lieber in deinem.

215 Kannst du mir helfen? Ich suche ein Geschenk für meine Mutter – sie hat in 9 Monaten Geburtstag.

216 Klasse Brüste, toller Arsch – ab mit mir nach Hause, marsch!

217 Übrigens: deine Haarfarbe passt wunderbar zu meiner Bettwäsche.

218 Heute Nacht werde ich mit dir Sex haben – du kommst also besser auch ...

219 Ich brauche dringend Kühlwasser – du lässt meinen Motor überhitzen ...

220 Ich hab grad' eine Viagra eingeworfen – wir haben etwa 30 Minuten, um es zu dir nach Hause zu schaffen ...

221 Mir fehlt mein Teddy – würdest du mit mir schlafen?

222 Ich wäre gern dein Handy – dann könnte ich immer in deinen Ausschnitt schielen.

223 Ich würde dir ja einen Witz über meinen Penis erzählen ... aber der ist zu lang.

224 Zwischen deinen Brüsten fehlt etwas – mein Gesicht!

225 (Weihnachten:) Setz dich auf meinen Schoß ... ich hab' ein ganz besonderes Geschenk für dich!

226 Hallo, ich bin dein Spielzeug für heute Nacht!

227 Du musst ein Lichtschalter sein – jedesmal, wenn ich dich sehe, machst du mich an!

228 Kann ich das Würstchen in deinem Hotdog sein?

229 Hast du Wasser in den Beinen? Meine Wünschelrute schlägt aus!

230 Kennen wir uns nicht von irgendwo? – Mit Kleidung erkenne ich dich so schlecht ...

231 Deine Schwester hat letztes Jahr versagt. Willst du etwas für die Familienehre tun?

232 Tolle Brüste! Darf ich sie mal drücken?

233 Schon mal Sex in einem Schalensitz gehabt?

234 Hallo, ich bin Legastheniker: fillste wicken?

235 Merk dir meinen Namen – du wirst ihn noch die ganze Nacht schreien!

236 Meine Zunge ist total verspannt – wie wär's mit 'ner kleinen Massage?

237 Meine Katze ist weggelaufen, kann ich mit deiner Pussy spielen?

238 Ich habe bemerkt, wie du mich ansiehst ... schmutzig, schmutzig, was du wieder denkst ...

239 Ich weiß, heute ist nicht Weihnachten, aber der Schoß vom Weihnachtsmann ist immer bereit ...

240 Möchtest du später unsere Kinder zu Bett bringen?

241 Ich bin Organspender, brauchst du irgendetwas?

242 Wetten, ich kann dich küssen, ohne deine Lippen zu berühren ... uups, verloren!

243 Ich wurde heute geschieden ... erst war ich ziemlich niedergeschlagen, aber jetzt ist es in Ordnung – schließlich ist sie immer noch meine Schwester ...

244 Bitte lass mich dein Nachtisch sein!

245 Ist dein Vater Architekt oder warum bist du so gut gebaut?

246 Was muss ich tun, damit du mit mir schläfst?

247 Die NSA will meinen Penis entführen – kann ich ihn bei dir verstecken?

248 Meine magische Uhr sagt, du trägst keine Unterwäsche ... wie, stimmt nicht? Das verdammte Ding geht 'ne Stunde vor!

249 Komm, wir testen, welchen Druck mein neues Wasserbett aushält!

250 Komm wir spielen ein Spiel: wenn ich gewinne schlafe ich mit dir ... und wenn ich verliere schläfst du mit mir ...

251 Meine Unterwäsche ist übrigens essbar ...

252 Kann ich bei dir schlafen? – Ich habe mein Bett vergessen!

253 Ich bin wie der Krieg in Afghanistan – viel länger, als du gedacht hast ...

254 Lass uns zu mir gehen, Pizza essen und wilden hemmungslosen Sex haben ... Hey, magst du keine Pizza?

255 Dein T-Shirt muss gehen, aber du kannst bleiben ...

256 Ich hab' gerade mal in meinen Terminkalender gesehen und ich könnte dich passend zu Weihnachten geschwängert haben!

257 Wenn du keinen Sex mit mir willst, kann ich dann wenigstens Sex mit dir haben?

258 Mein Schw... fühlt sich heute so tot an – wie wäre es mit etwas Mund-zu-Mund-Beatmung?

259 Selbst wenn ich ein Eiswürfel wäre, würde ich Sex mit dir wollen ...

260 Meine Hände sind kalt ... kann ich sie zwischen deinen Brüsten wärmen?

261 Kannst du mit einer Peitsche umgehen?

262 Durch dich bekommt das Wort „essbar" eine ganz neue Bedeutung.

263 Hol heute Abend viel Luft – du wirst sie noch brauchen ...

264 Mann, bin ich froh, dass meine Mutter mir beigebracht hat, immer saubere Unterwäsche zu tragen – was würdest du sonst später von mir denken?

265 30 Millionen Euro geerbt zu haben bedeutet nicht viel, wenn man ein schwaches Herz hat.

266 Hübsche Socken. Kann ich sie anprobieren, nachdem wir Sex hatten?

267 Ich habe Angst im Dunkeln – schläfst du heute Nacht bei mir?

268 Hallo, du siehst ziemlich mittelmäßig aus und ich würde dir gerne einen nicht allzu teuren Drink ausgeben ...

269 Hübsche Jeans ... wie komme ich da rein?

270 Schon mal was von 60-Sekunden-Sex gehört? Nein? ... Hast du mal 'ne Minute Zeit?

271 Dein Nabel ist an der falschen Stelle! Er sollte direkt über meinem sein!

272 Lass uns „Löwe im Zoo" spielen – du gehst auf alle Viere und ich werf' dir mein Fleisch zu ...

273 Ich möchte in deinem Mund schmelzen, nicht in deiner Hand ...

274 Ich werde mich am Samstag umbringen – hast du Freitag Abend schon was vor?

275 Rosen sind rot, Veilchen sind blau ... ach, vergiss es – kommst du mit zu mir?

276 Hey, deine Klamotten sind wirklich schick ... darf ich sie mal anziehen?

277 Falls ich bei dir landen kann, zeig mir doch mal die Landebahn ...

278 Ich würde ja gerne mit dir tanzen, aber ich hab' momentan nicht einen Tropfen Blut im Gehirn.

279 Sag jetzt einfach „ja", dann muss ich dir nichts in deinen Drink schütten ...

280 Gib mir mal deine Nummer – dann ruf' ich bei dir zuhause an und sag Bescheid, dass du heute bei mir schläfst.

281 Erinnerst du dich an mich? Wir waren zusammen bei der Gruppentherapie – du bist die Nymphomanin und ich der einsame Kerl.

282 Du siehst aus, als wäre dein Kleid sehr unbequem ... soll ich dir heraushelfen?

283 Ich bin kein Mann für eine Nacht – aber zwei Stunden Zeit hätte ich schon ...

284 Setz dich auf mein Gesicht und befiehl mir, zu lügen ... wie, du hattest noch keinen Pinocchio?

285 Das ist ein Kondom. Wenn ich es anziehe, können wir Sex haben.

286 Warum kommst du nicht her, setzt dich auf meinen Schoß und wir reden über das Erste, das auftaucht?

287 Der Barkeeper behauptet, dieser Drink macht unwiderstehlich ... und, wirkt er schon?

288 Ich will nicht angeben, aber ich kann die Luft für 20 Minuten anhalten ...

289 Ich habe den Hotdog für dein Brötchen ...

290 Wenn du unartig bist, dann geh auf dein Zimmer ... wenn du unartig werden willst, geh auf mein Zimmer!

291 Hübsche Schuhe – willst du fi ...?

292 Entschuldigung, ich dachte das wäre die Herrentoilette ... aber wo wir gerade ganz unter uns sind ...

293 Ich habe eine seltene Krankheit und werde sterben, wenn ich nicht innerhalb der nächsten Stunde Sex habe ... bitte lass mich nicht sterben!

294 Kann mal jemand meinen Schoß staubsaugen? Die Dame braucht einen sauberen Platz zum Sitzen!

295 Glaub den Gerüchten nicht ... meine wichtigen Organe funktionieren auch nach der Beulenpest einwandfrei ...

296 Wir würden bestimmt hervorragend ineinander passen ...

297 Lass dich von mir nicht stören – meine Kumpel sagen, ich wäre bloß ein Clown ... aber pass auf die spitzen Schuhe und die Spritzblume auf ...

298 Sag bitte deinen Brüsten, sie sollen aufhören, meine Augen so anzustarren.

299 Willst du die weibliche Hauptrolle in einem Porno spielen? Ich lass auch die Kamera aus ...

300 Das sind keine Geheimratsecken, sondern Oberschenkel-Druckstellen!

301 Du hast eine wundervolle Stimme – wie es wohl klingt, wenn sie meinen Namen schreit ...

302 Das Gras ist hoch, kaum zu überblicken – jetzt ist die beste Zeit zum ... Blumen pflücken!

303 Kommst du gerade aus dem Zoo? – Du bringst das Tier in mir zum Vorschein ...

304 Würdest du für 500 Euro mit mir schlafen? Dann sollten wir uns beeilen, ich brauche das Geld dringend!

305 Ich hoffe, du beherrschst Mund-zu-Mund-Beatmung, denn du verschlägst mir den Atem!

306 Ich habe hier eine Schlange, die in deinen Garten Eden will ...

307 Ich finanziere mein Studium mit Nebenjobs. Im Moment führe ich gerade einen Fühltest zu dem Thema durch, wie viele Frauen ein Bauchnabel-Piercing haben ...

308 Hey, ich hab' Viagra genommen und noch 18 Stunden übrig!

309 Könnte ich dich die nächsten Stunden ein wenig stalken ... wenn du das unheimlich findest, stell dir vor du bist in 'ner angesagten Single-Bar mit deinem größten Fan ...

310 Wenn wir beide die letzten Menschen auf der Welt wären, könnten wir es überall treiben – bis dahin können wir ja erstmal zu mir gehen ...

311 Jede Zigarette verkürzt dein Leben um 10 Minuten, aber Sex verlängert es um 5. Also schlaf mit mir, solange du noch kannst!

312 Rette ein Pferd, reite den Cowboy.

313 Ich. Du. Schlagsahne. Handschellen. Noch Fragen?

314 Übrigens, ich bin das Körper-Double von Jason Statham.

4

Mädchen können's auch ...

1 Ich liebe Bier.

2 Die sind übrigens echt ... willst du den Rest sehen?

3 Bringst du mich zu Bett und erzählst mir eine Gute-Nacht-Geschichte ... bitte, bitte ...?

4 Mein Freund und ich haben uns gerade getrennt ...

5 Mensch, bin ich betrunken ...

6 Hallo, ich mag dich – kannst du jetzt bitte für mich erröten und stottern?

7 Ich hab' nicht gedacht, dass dieser Abend noch schöner werden könnte, aber vielleicht willst du mir dabei helfen ...?

8 Hallo Weihnachtsmann – alles, was ich mir wünsche, bist du!

9 Bist du reich? Falls nicht, solltest du besser gut im Bett sein!

10 Willst du mir nicht endlich 'nen Drink spendieren? – Meine Freundinnen glauben langsam, du stehst auf Jungs ...

11 Kannst du mir das Kettchen zumachen?

12 Hey, du schuldest mir mindestens einen Drink – ich bin der Grund, warum du vor all den Leuten hier gut aussiehst ...

13 Wenn ich um Mitternacht nicht wieder zu Hause bin, schreien die Stimmen in meinem Kopf ...

14 Ich steh' total auf Fußball – lass uns zu dir gehen!

15 Ich habe Angst, schwanger zu werden – kommst du mit nach oben und hilfst mir, alle meine Kondome zu testen?

16 Entschuldige, wann hast du zum letzten Mal eine Frau geküsst?

17 Ich glaub', ich hab' meinen BH vergessen! Kannst du mal nachsehen?

18 Bist du der Pizzamann? ... Mir gefällt nämlich die Lieferung ...

19 Ich bin wirklich gelenkig – ich war jahrelang beim Ballett-Unterricht ...

20 Sind eigentlich alle Typen hier schüchtern?

21 Kann ich mich zu dir setzen, damit ich nicht ständig angequatscht werde?

22 Meine Freundinnen sind alle schon gegangen – jetzt musst du mich unterhalten ...

23 Nachts sind die Straßen in diesem Viertel nicht ganz ungefährlich – soll ich dich nach Hause bringen?

24 Bist du die Sorte Mann, die auf sich selbst aufpassen kann, oder brauchst du ein süßes Mädchen, das sich ein bisschen um dich kümmert?

Jonathan Westermann
Nicht lachen!

Sie gehen zum Lachen in den Keller?
Dann nehmen Sie dieses Buch mit ... aber rechnen Sie lieber nicht damit, bald wieder aufzutauchen!
Bei mehr als 500 Witzen wird hier keiner geschont: Männer und Frauen, Kinder und Greise, Soldaten und Hippies, Ärzte und Patienten, Beamte und andere Tiere ...
Wenn Sie nur ein Buch auf eine einsame Insel mitnehmen, sollte es dieses sein ...

ISBN: 978-1494261580

Auch als Kindle Ebook erhältlich!

Jonathan Westermann
Wer zuerst lacht, hat verloren!

Probieren Sie es aus: Wer beim Lesen als Erster in der Runde mit der Lippe zuckt, hat verloren!

Hier bleibt garantiert kein Auge trocken. Witze, dumme Sprüche, witzige Antworten auf komische Fragen ...
Egal ob Männer und Frauen, Kinder und Greise, Soldaten und Hippies, Ärzte und Patienten, Beamte – hier bekommen alle ihr Fett weg und zwar über 500 Mal ...

ISBN: 978-1494262662

Auch als Kindle Ebook erhältlich!

Jonathan Westermann
Nicht nett!
Das große Buch der Beleidigungen

Sie kennen das Problem? Sie sind auf der Suche nach einer schönen Beleidigung für einen mehr oder eher weniger guten Freund, haben aber gerade nichts Passendes zur Hand?
Es gibt riesige Sammlungen von Lebensweisheiten, Aphorismen und Zitaten und Sprüchen für jede Gelegenheit, aber was hilft einem das, wenn man mal jemanden so richtig schön beleidigen möchte?
Hier finden Sie garantiert das Passende – über 1000 Beleidigungen – eine riesige kunterbunte Mischung. Von „Eigentlich wollte ich beinahe nett sein ..." bis zu „Für Leute, die ich wirklich wirklich WIRKLICH hasse".
Mit diesem Buch in der Hand können Sie täglich 2,83 Ihrer Mitmenschen beleidigen – und das ein ganzes Jahr lang, ohne sich zu wiederholen!

ISBN: 978-1494271671

Jonathan Westermann
Echt irre!

1001 Witze! Da kann auch der Arzt nicht mehr helfen ...

Montag früh, neun Uhr – und die Woche nimmt kein Ende?
Sie fühlen sich manchmal so gelangweilt, frustriert und angeödet?
Ihr Leben erscheint Ihnen sinnlos und nicht einmal der Hund hört noch zu? Sie hatten schon lange keine Bauchschmerzen und kein Seitenstechen mehr?
Dann sind Sie hier genau richtig!
Aber Vorsicht: Eine Überdosis Lachen könnte die Folge sein, weshalb der Autor leider jede Verantwortung für seelische und körperliche Schäden, die durch den Genuss dieser einzigartigen Sammlung eventuell verursacht werden könnten, weit von sich weisen muss.
Zu Nebenwirkungen fragen Sie keinesfalls Ihren Arzt oder Apotheker – es nützt auch nichts, er lacht schon! Lesen Sie einfach!

ISBN: 978-1494740375
Auch als Kindle Ebook erhältlich!

Jonathan Westermann
Böse, böse!

1001 kleine Bosheiten für jede Gelegenheit

Manchmal wünsche ich mir, dass Noah und seine Sippschaft das Boot verpasst hätten. (Mark Twain)

Natürlich sagen wir alle unseren lieben Mitmenschen gerne allerlei nette Dinge, aber seien wir ehrlich: Manchmal hebt nichts die Stimmung so sehr wie eine kleine Bosheit – vor allem, wenn sie aus berufenem Munde stammt. Hier ist sie also: die große Sammlung von Zitaten Prominenter und nicht so Prominenter über das Leben, das Universum und den ganzen Rest – ganz besonders aber natürlich über die lieben Mitmenschen und deren zahlreiche kleine und große Schwächen.

ISBN: 978-1495402074
Auch als Kindle Ebook erhältlich!

Printed in Poland
by Amazon Fulfillment
Poland Sp. z o.o., Wrocław

79397758R00071